CW00499953

TAPAS

UN RECETARIO PARA COCINEROS GOURMET

TAPAS

A RECIPE FOR GOURMET COOKS

David Dalmau, editor
David Dalmau, publisher

editors

ILUSBOOKS
ILLUSION ILLUSTRATED

Textos introducción: Salvador Bocharán
Textos Recetas y Traducción al inglés: Alba Dalmau Sabater

Derechos de publicación y distribución
en lengua española en propiedad de:

C/ Horts d'en Mateu
Pol. Industrial Sur
08450 Llinars del Vallès
Barcelona, España

Tel. +34 938 410 351
iberlibro@iberlibroediciones.com
www.iberlibroediciones.com

ISBN: 978-84-459-0993-5 (Editors, S.A.)
ISBN: 978-84-16574-89-6 (IlusBooks)

TAPAS

UN RECETARIO PARA COCINEROS GOURMET

TAPAS

A RECIPE FOR GOURMET COOKS

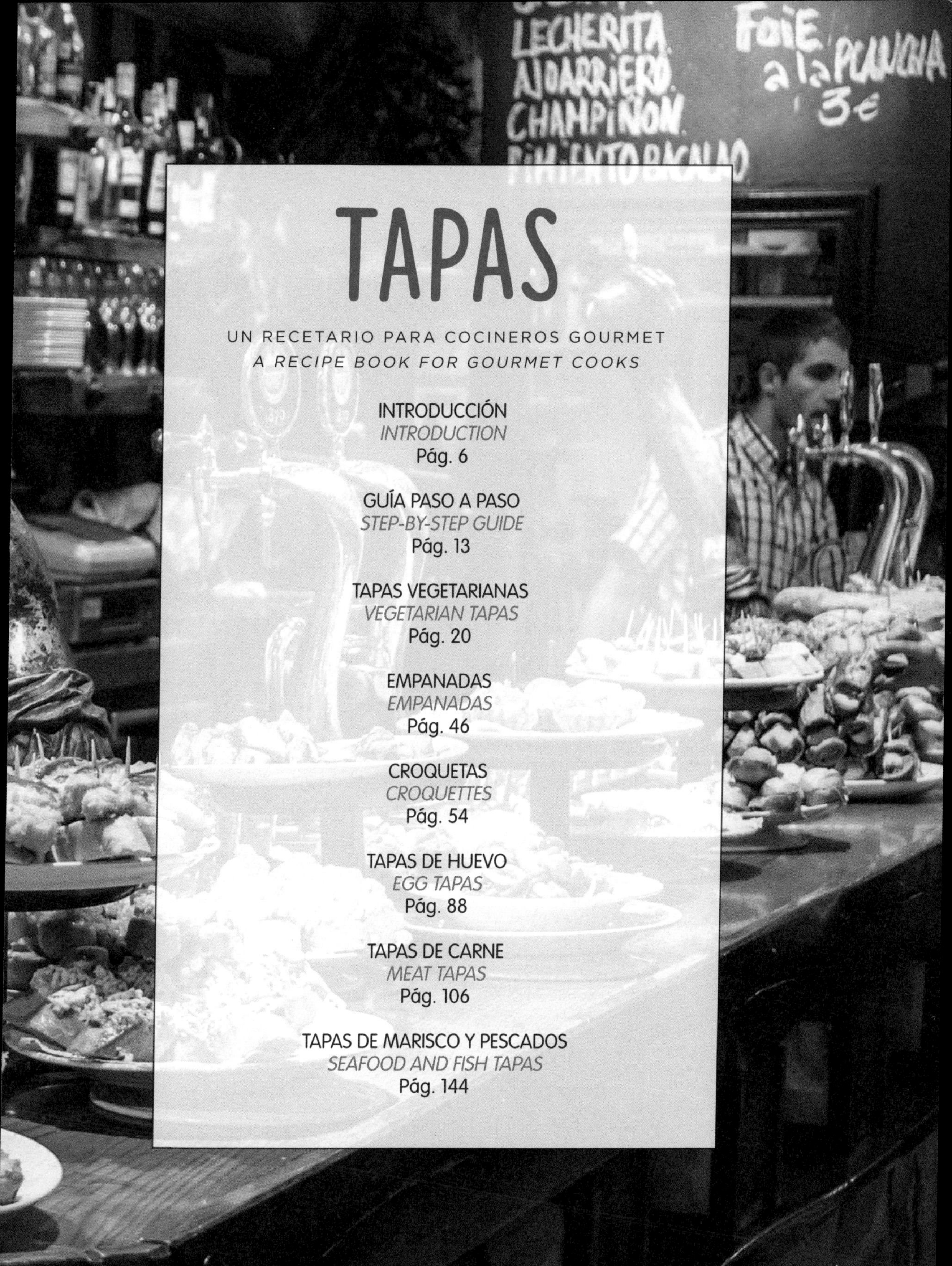

TAPAS

UN RECETARIO PARA COCINEROS GOURMET

A RECIPE BOOK FOR GOURMET COOKS

INTRODUCCION
INTRODUCTION

Para el español de a pie, los bares locales de tapas aportan tres preciados bienes: buena comida, buen vino, y la oportunidad de participar en una charla social. En España, gran parte de las conversaciones amistosas y de negocios tienen lugar en bares y cafeterías, y a nadie le cabe en la cabeza tomar una copa de vino sin algo para picar o, lo que es lo mismo, unas *tapas*.

El origen de las tapas proviene, probablemente, de la costumbre de colocar un plato pequeño o *una tapa* encima de un vaso de vino en el momento de servirlo. También existe la creencia de que un antiguo decreto obligaba a todos los bares de carretera a servir algo para comer como acompañamiento del vino, en el intento de asegurar al menos un ápice de sobriedad entre los conductores.

Sean cuales fueren sus orígenes, la reunión diaria antes de comer o cenar para compartir unas tapas, como aperitivo y acompañamiento de una buena conversación, es una parte integrante del estilo de vida español. Las tapas han evolucionado hasta convertirse en un estilo culinario independiente. Son una peculiar tradición española que en las dos últimas décadas ha cobrado una creciente popularidad en otros lugares del mundo; el éxito de los bares de tapas es testigo de naciones que se deleitan con el sentido social del acto de beber. Las tapas, aunque siguen siendo la quintaesencia de España, se adaptan a todos los países y contextos.

Muchas de las recetas de este libro son auténticamente españolas, aunque también hay interesantes variaciones. Intente servir las tapas en genuinas vajillas españolas de loza. Y si, de fondo, suena una auténtica guitarra clásica, el ambiente será indiscutiblemente el de un bar de tapas de los de toda la vida.

¡Buen provecho!

For the average Spanish person, the local tapas bars provide three precious commodities: good food, good wine, and the opportunity to participate in a social chat. In Spain, much of the friendly and business conversations take place in bars and cafes, and no one can think of having a glass of wine without a bite or, in other words, some *tapas*.

The origin of tapas probably comes from the custom of placing a small plate or a lid *on top* of a glass of wine at the moment of serving it. There is also the belief that an old law required all road bars to serve something to eat as an accompaniment to wine, in an attempt to ensure at least a little sobriety among drivers.

Whatever its origins, meeting daily before lunch or dinner to share some tapas, as an aperitif and to accompany a good conversation, is an integral part of the Spanish lifestyle. Tapas have evolved into an independent culinary style. They are a peculiar Spanish tradition that has become increasingly popular in the last two decades in other parts of the world; the success of tapas bars is witnessed by nations that delight in the social sense of the act of drinking. Tapas, although still the very essence of Spain, are adapted to all countries and contexts.

Many of the recipes in this book are authentically Spanish, although there are also interesting variations. Try serving the tapas on genuine Spanish china. And if an authentic Spanish guitar sounds in the background, the atmosphere will undoubtedly be that of a traditional tapas bar.

Pincho de tortilla

Tortilla stick

Plato tradicional mexicano: Tinga sopes

Traditional Mexican dish: Tinga sopes

Mejilla de ternera estofada

Braised beef cheek

HISTORIA
HISTORY

Un viaje por los diccionarios como el Diccionario de autoridades publicado entre los años 1726 y 1739, y que fue el primer diccionario de la lengua castellana editado por la Real Academia Española, no menciona la entrada tapa en su sentido culinario. La primera aparición de la palabra 'tapa' es en la edición del Diccionario de la RAE de 1939 (16ª), y en la de 1956 (18ª) asigna la palabra 'tapa' como un andalucismo. Es en la edición del diccionario de 1970 (19ª) donde desaparece la asignación como término andalucista y la coloca como apta en todo el territorio español. Tampoco aparece el concepto culinario de la 'tapa' mencionado en las obras y recetarios españoles de antes de los años treinta.

Fijar su origen en la historia culinaria española es complicado, pero existen diversas versiones acerca del origen de la tapa: Una de las más conocidas argumenta que se remonta a la Edad Media, durante el reinado de Alfonso X el Sabio en el siglo XIII. Se dice que debido a una enfermedad que padeció, se vio obligado a tomar algunos sorbos de vino por prescripción facultativa, y para evitar los efectos del alcohol, tomaba pequeños bocados entre horas acompañando a la bebida. Tras recuperarse, dispuso que en los mesones de Castilla no se sirviese el vino sin que fuera convenientemente acompañado por alguna ración de comida.

Otra leyenda cuenta que, durante el reinado de los Reyes Católicos, debido al aumento de los incidentes causados por los carreteros alcoholizados a la salida de las tabernas, se obligó a los taberneros a servir algo de comida fría, ya fuera jamón, queso, o lo que tuvieran a mano, sobre las copas; los clientes debían acabar la comida para poder quitar la tapa y así beber el vino o la cerveza.

A journey through dictionaries such as the *Diccionario de autoridades* published between 1726 and 1739, and which was the first dictionary of the Spanish language edited by the Real Academia Española, does not mention the entry tapa in its culinary sense. The first appearance of the word 'tapa' is in the 1939 edition of the RAE Dictionary (16th), and in the 1956 edition (18th) it assigns the word 'tapa' as an andaluscism. It is in the 1970 edition of the dictionary (19th) where the assignment as an Andalusian term disappears and places it as suitable throughout the Spanish territory. Neither does the culinary concept of 'tapa' appear mentioned in the Spanish works and recipe books before the 1930s.

Fixing its origin in the Spanish culinary history is complicated but there are several versions about the origin of the tapa: One of the most popular explanations states that it dates back to the Middle Ages, during the reign of Alfonso X the Wise in the thirteenth century. It is said that due to an illness he suffered, he was forced to take some sips of wine by medical prescription, and to avoid the effects of alcohol, he took small bites between meals to accompany the drink. After he recovered, he ordered that wine should not be served in the inns of Castile without being accompanied by a suitable meal.

Another legend tells that during the reign of the Catholic Monarchs, the tavern owners were required to serve some cold food, either ham, cheese, or whatever they had on hand, on top of the glasses due to the increased incidents caused by drunk carters at the exit of the taverns; the customers had to finish the meal in order to remove the cover and thus drink the wine or beer.

Croquetas

Croquettes

Dátiles medjool con queso y pasta de limón.

Medjool dates with cheese and lemon paste.

RECETARIO DE TAPAS Y PINCHOS
RECIPE BOOK OF TAPAS AND PINCHOS

TAPAS VEGETARIANAS
VEGETARIAN TAPAS

ACEITUNAS NEGRAS ALIÑADAS
SEASONED BLACK OLIVES

250g de aceitunas negras, con hueso
250g of whole black olives

3-4 dientes grandes de ajo, machacados
3-4 large garlic cloves, crushed

1-2 guindillas rojas secas
1-2 dried red chillies

Vinagre de vino tinto en abundancia
Red wine vinegar in abundance

Zumo de ½ limón
Juice from ½ lemon

Escurrimos las aceitunas y las machacamos ligeramente, de forma que se abran un poco. Las metemos en un tarro de vidrio con tapa, junto con los ajos y las guindillas enteras. Vertemos vinagre de vino hasta cubrirlas y agregamos el zumo de limón. Tapamos el tarro y lo guardamos, a temperatura ambiente, durante al menos tres semanas.

Drain the olives and slightly crush them, so that they open up a little. Put them in a glass jar with a lid, together with the garlic and the whole chillies. Pour in the wine vinegar to cover and add the lemon juice. Close the jar and keep it at room temperature for at least three weeks.

ACEITUNAS VERDES ALIÑADAS
SEASONED GREEN OLIVES

250g de aceitunas verdes, con hueso
250g of whole green olives

3-4 dientes grandes de ajo, machacados
3-4 large garlic cloves, crushed

1 cucharada sopera de hojas de hinojo, frescas
1 tablespoon fennel leaves, fresh

Vinagre de vino blanco en abundancia
White wine vinegar in abundance

Zumo de ½ limón
Juice from ½ lemon

Escurrimos las aceitunas y las machacamos ligeramente, de forma que se abran un poco. Las metemos en un tarro de vidrio con tapa, junto con los ajos y el hinojo. Vertemos vinagre de vino hasta cubrirlas y agregamos el zumo de limón. Tapamos el tarro y lo guardamos, a temperatura ambiente, durante al menos tres semanas.

Drain the olives and slightly crush them, so that they open up a little. Put them in a glass jar with a lid, together with the garlic and fennel. Pour in the wine vinegar to cover and add the lemon juice. Close the jar and keep it at room temperature for at least three weeks.

PIMIENTOS ASADOS
ROASTED BELL PEPPERS

1kg de pimientos rojos carnosos
1kg of red bell peppers

Aceite de oliva en abundancia
Olive oil in abundance

Sal
Salt

Antes de empezar, extendemos un papel aluminio sobre una bandeja de horno. Lavamos bien los pimientos, los impregnamos de aceite de oliva, salpimentamos y los ponemos en la bandeja. Los introducimos al horno a 200 °C durante 10 minutos. Les damos la vuelta para evitar que se quemen y los horneamos 10 minutos más. Sacamos los pimientos, los cubrimos con papel de aluminio para que suden y los dejamos enfriar a temperatura ambiente. Una vez estén fríos, procedemos a pelarlos, quitarles las semillas y cortarlos en tiras para luego envasarlos, cubrirlos de aceite de oliva y cerrar el bote. Si queremos conservarlos durante mucho tiempo los esterilizaremos, esto es, una vez rellenos los botes, los taparemos bien y los pondremos durante 20 minutos dentro de agua hirviendo.

Tip: Es recomendable usar pimientos rojos bien carnosos, pues al cocinarlos pierden agua y pueden resultar más difíciles de pelar.

Before starting, extend a piece of aluminium foil on a baking tray. Rinse the peppers well, coat them with olive oil, add salt and pepper and place them on the tray. Put them in the oven at 200 °C for 10 minutes. Turn them over to prevent them from burning and bake them for 10 more minutes. Take out the peppers, cover them with aluminium foil to keep the steem and let them cool down to room temperature. Once they are cold, proceed to peel, remove seeds and cut them into strips to pack them, cover them with olive oil and close the jar. If you want to preserve them, you should sterilize them, that is to say, once you have filled the jars, cover them well and put them in boiling water for 20 minutes.

Tip: Using fleshy peppers will help in the peeling process, as they lose water while being cooked.

PATATAS BRAVAS
PATATAS BRAVAS

8 patatas agrias grandes, peladas y cortadas a cubos
8 large potatoes, peeled and cubed

4 cucharadas soperas de aceite de oliva
4 tablespoons of olive oil

3 dientes de ajo picados muy finos
3 garlic cloves, finely chopped

125ml de vino blanco seco
125ml of dry white wine

200ml de tomate triturado
200ml of crushed tomato

3 guindillas frescas picadas, sin semillas
3 fresh chilli peppers, chopped, seedless

Para la salsa, calentamos el aceite de oliva en una sartén a fuego medio, y salteamos la cebolla; cuando esté dorada, agregamos el ajo y las guindillas y rehogamos durante tres minutos. Añadimos el vino y cocemos la salsa a fuego lento durante 10-12 minutos. Agregamos el tomate y dejamos cocer 15 minutos más.

Ponemos en una olla las patatas cortadas en cubos de unos 2cm, agregamos aceite hasta cubrirlas y las cocinamos a fuego bajo. Cuando estén cocidas, las sacamos del aceite y las apartamos. Aumentamos la temperatura del aceite hasta que humee. Agregamos nuevamente las patatas, las freímos hasta obtener un color dorado y las escurrimos en papel absorbente. Servimos las patatas en una bandeja o en platos individuales y vertemos la salsa por encima.

For the sauce, heat the olive oil in a frying pan over medium heat, and sauté the onion; when it is golden brown, add the garlic and chilli peppers and sauté for three minutes. Add the wine and cook the sauce over low heat for 10-12 minutes. Add the tomatoes and cook for another 15 minutes.

In a pot, add the potatoes diced into 2cm cubes, cover with oil and cook over low heat. When cooked, take them out of the oil and set them aside. Increase the temperature of the oil until smoking. Add the potatoes again, fry them until they are golden brown and drain them on absorbent paper. Serve the potatoes on a tray or on individual plates and pour the sauce on top.

BERENJENAS FRITAS CON QUESO PARMESANO
FRIED EGGPLANT WITH PARMESAN CHEESE

3 berenjenas medianas
3 medium-sized eggplants

200ml de tomate frito
200ml of tomato sauce

200g de mozzarella, rayada
200g Mozzarella cheese, grated

200g de queso parmesano, rayado
200g Parmesan cheese, grated

1 huevo batido
1 beaten egg

3 cucharadas soperas de leche
3 tablespoons of milk

Precalentamos el horno a 180 °C. Cortamos las berenjenas limpias y sin pelar, en rodajas de 1 cm. Las dejamos en un colador espolvoreadas con sal durante 20 min para que suelten agua. Después se secan con papel de cocina.

Asamos las rodajas en una sartén con un poco de aceite de oliva hasta que estén doradas por los dos lados y las secamos sobre papel absorbente.

En una fuente de horno, ponemos una base fina de salsa de tomate, sobre ella una capa de rebanadas de berenjena, cubrimos con una fina capa de quesos rallados y añadimos unas hojas de albahaca. Repetimos el proceso poniendo la berenjena, tomate, queso y albahaca tres veces más y terminamos con berenjena.

Mezclamos el huevo con la leche y agregamos lo que nos quede de queso rallado. Con esta mezcla cubrimos la última capa de berenjena. Horneamos con calor por arriba y abajo, hasta que veamos que la superficie ha dorado y el queso se ha derretido, unos 15-20 minutos. Servimos caliente.

Preheat the oven to 180 °C. Cut the clean and unpeeled eggplants into 1 cm slices. Sprinkle them with salt in a strainer for 20 minutes to release water. Then dry them with kitchen paper.

Grill the slices in a frying pan with a little olive oil until they are golden brown on both sides and dry them on kitchen paper.

In an oven tray, pour a thin base of tomato sauce, a layer of eggplant slices over it, cover with a thin layer of grated cheese and add some basil leaves. Repeat the process adding the eggplant, tomato, cheese and basil three more times finishing with eggplant.

Mix the egg with the milk and add the remaining grated cheese. Cover the last layer of eggplant with this mixture. Bake with upper and lower heat until the surface is golden brown and the cheese is melted, about 15-20 minutes. Serve hot.

ENSALADILLA RUSA
OLIVIER SALAD

6 patatas grandes hervidas, peladas y cortadas a dados
6 large boiled potatoes, peeled and diced

60g de zanahoria hervida, cortada a dados
60g boiled carrot, diced

60g de guisantes escaldados
60g of blanched green peas

250ml de mayonesa con ajo
250ml of mayonnaise with garlic

1 pimiento rojo y 1 pimiento verde, asados, pelados
1 red pepper and 1 green pepper, roasted, peeled

Ramas de perejil para decorar
Parsley for garnishing

En un recipiente, mezclamos la patata, la zanahoria, los guisantes y la mayonesa. Salpimentamos al gusto. Colocamos la mezcla en una bandeja y la coronamos con las tiras de pimiento. Decoramos con el perejil. La ensaladilla tendrá mejor sabor si la dejamos reposar durante una hora a temperatura ambiente.

Dato curioso: La ensaladilla es el elemento obligatorio de cualquier bar de tapas español.

In a bowl, mix the potato, carrot, green peas and mayonnaise. Season to taste. Set the mixture on a tray and crown it with the pepper strips. Garnish with parsley. The salad will taste better if we leave it for an hour at room temperature.

Fact: Olivier Salad is a must in any Spanish tapas bar.

CHAMPIÑONES AL AJILLO
MUSHROOMS WITH GARLIC

500g de champiñones, cortados a cuartos
500g of mushrooms, cut into quarters

5 cucharadas soperas de aceite de oliva
5 tablespoons of olive oil

6 dientes de ajo, picados muy finos
6 cloves of garlic, finely chopped

2 cucharadas soperas de perejil picado
2 tablespoons of chopped parsley

Sal y pimienta
Salt and pepper

1 baguette en rodajas, tostadas
1 bag [illegible] sted

En una sartén, calentamos el aceite a fuego medio. Añadimos el ajo y freímos durante 1-2 minutos, sin dejar que se queme. Agregamos los champiñones y freímos hasta que se doren. Añadimos la sal, la pimienta y el perejil. Servimos caliente sobre las rodajas de pan tostado.

In a frying pan, heat the oil over medium heat. Add the garlic and fry for 1-2 minutes, without letting it burn. Add the mushrooms and fry until they are golden. Add the salt, pepper and parsley. Serve hot over the toasts.

VERDURAS FRITAS
FRIED VEGETABLES

250g de harina de trigo
250g wheat flour

1 yema de huevo
1 egg yolk

1 berenjena cortada a rodajas finas
1 eggplant, thinly sliced

2 cebollas grandes, cortadas en aros
½ cauliflower, cut into small flowers

1 pimiento verde o rojo
1 green or red pepper

Rodajas de limón
Lemon slices

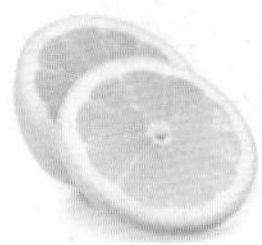

En un recipiente, revolvemos la harina de trigo y la de maíz y agregamos agua fría hasta que quede una mezcla uniforme y suave que, al sumergir un dedo en la mezcla, esta se escurra y deje solo una capa fina en el dedo. Añadimos la sal, el zumo de limón y la yema de huevo, y mezclamos bien. Guardamos la masa en el frigorífico durante unos 15 minutos. En una sartén ponemos abundante aceite, que cubra unos 8 cm de profundidad, y calentamos a 180 °C. Enharinamos las cebollas en harina sazonada con sal y pimienta, sacudimos para eliminar el exceso y las bañamos en la pasta. Freímos las cebollas hasta que se doren. Hacemos lo mismo con la berenjena, la coliflor y el pimiento, no necesariamente en ese orden. Colocamos las verduras sobre papel de cocina y dejamos que escurran bien el exceso de aceite. Las servimos inmediatamente, junto con las rodajas de limón y la mayonesa.

In a bowl, stir the wheat flour and the corn flour together. Add cold water and stir until the mixture is even and smooth (when you dip a finger in, it should drizzle off and leave only a thin layer on your finger). Add salt, lemon juice and egg yolk and mix well. Keep the dough in the refrigerator for about 15 minutes. In a frying pan put a generous amount of oil, covering about 8 cm deep, and heat to 180 °C. Cover the onions in flour seasoned with salt and pepper, shake them to remove the excess, and dip them in the dough. Fry the onions until golden brown. Do the same with the eggplant, cauliflower and pepper. Place the vegetables on paper towels and let the excess oil drain well. Serve immediately, with lemon slices and mayonnaise.

ALBONDIGAS DE BROCOLI
BROCCOLI MEATBALLS

500g de brócoli
500g of broccoli

100g de cebolla
100g of onion

2 huevos
2 eggs

50g de queso gouda
50g gouda cheese

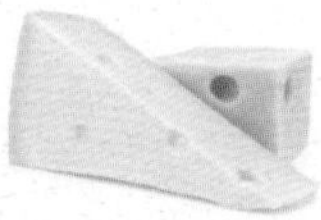

3 dientes de ajo
3 cloves of garlic

200g de pan rallado
200g of breadcrumbs

Vamos a limpiar el brócoli, cortarle el tallo, separar las flores y ponemos durante 3 minutos en una olla de agua hirviendo con sal. Al cabo de este tiempo le retiramos del agua y dejamos escurrir. Picamos finamente la cebolla, el ajo, el perejil, el queso y el brócoli. Colocamos estos ingredientes en un cuenco junto con los huevos. Sazonamos con sal y pimienta al gusto y revolvemos bien todo con la ayuda de una espátula. Añadimos el pan molido y volvemos a revolver bien todo. Engrasamos una bandeja para horno con aceite de oliva en spray. Con la mano vamos formando pequeñas bolas de la preparación de brócoli. Lo ideal es que estas bolitas tengan aproximadamente el tamaño de una pelota de pingpong, es decir unos 4 a 5 cm de diámetro. A medida que las formamos, las colocamos sobre la bandeja. Horneamos a 180 °C, por unos 30 a 35 minutos y servimos.

Clean the broccoli, cut the stem, separate the flowers and put them for 3 minutes in a pot of boiling water with salt. Remove the broccoli from the water and let it drain. Finely chop the onion, garlic, parsley, cheese and broccoli. Place these ingredients in a bowl with the eggs. Season with salt and pepper to taste and stir well with a spatula. Add the breadcrumbs and stir again. Grease a baking tray with olive oil spray. With your hand form small balls of the broccoli mixture. Ideally, they should be about the size of a ping-pong ball, i.e. about 4 to 5 cm in diameter. Place the balls on the tray as they are formed. Bake at 180 °C, for about 30 to 35 minutes and serve.

TOFU CRUJIENTE CON SOJA Y SESAMO
CRUNCHY TOFU WITH SOY AND SESAME

250g de tofu
250g tofu

1 cucharada sopera de aceite de oliva
1 tablespoon of olive oil

3 cucharadas soperas de salsa de soja
3 tablespoons of soy sauce

1 cucharada sopera de miel
1 tablespoon of honey

Sal, al gusto
Salt, to taste

10g de jengibre rallado
10g grated ginger

Cortamos el tofu en dadito de 2cm y preparamos la marinada. Mezclamos la salsa de soja con la miel hasta que emulsione, agregamos a continuación el jengibre rallado, el ají, el aceite de oliva, las semillas de sésamo negro y una pizca de sal y volvemos a mezclar bien. Introducimos el tofu en el bol con la marinada y dejamos reposar media hora. Pasado este tiempo sofreímos en una sartén el tofu con la salsa, moviéndolo de vez en cuando para que el tofu se haga por todas sus caras no más de cinco minutos para que no quede salado.

Antes de servir agregamos por encima el aceite de sésamo, mezclamos de nuevo y servimos caliente.

Cut the tofu into 2cm cubes and prepare the marinade. Mix the soy sauce with the honey until it emulsifies, then add the grated ginger, chili, olive oil, black sesame seeds and a pinch of salt and mix well again. Put the tofu in the bowl with the marinade and let it rest for half an hour. Fry the tofu with the sauce in a frying pan, stirring it from time to time so that the tofu is done on all sides for no more than five minutes so that it is not salty.

Top with sesame oil, stir again, and serve hot.

ALCACHOFAS AL HORNO
BAKED ARTICHOKES

6 alcachofas medianas
6 medium artichokes

6 cucharaditas de aceite de oliva virgen extra
6 teaspoons of extra virgin olive oil

Sal
Salt

Precalentamos el horno a 180 °C, arriba y abajo en horno tradicional. Retiramos el tallo de las alcachofas cortando, al mismo tiempo, un poco de la base de modo que la parte inferior quede plana y las podamos colocar de pie sin que se caigan. Cortamos también la parte superior de las alcachofas y las presionamos con la palma de la mano para que se abran ligeramente y las hojas se separen entre sí. Colocamos las alcachofas en una fuente apta para horno, regamos cada una de ellas con una cucharadita de aceite de oliva virgen extra y sazonamos. Introducimos en el horno y asamos durante unos 45 minutos. Retiramos y dejamos reposar unos minutos antes de retirar las hojas exteriores. Retiramos las hojas que han quedado duras y servimos.

Preheat the oven to 180 °C. Remove the stalk of the artichokes by cutting a little from the base so that the bottom is flat and the artichokes can be placed on their feet without falling over. Cut off the top part of the artichokes and press them with the palm of your hand so that they open slightly and the leaves separate from each other. Place the artichokes in an ovenproof dish, drizzle each one with a teaspoon of extra virgin olive oil, and season with salt. Put in the oven and roast for about 45 minutes. Take them out and let them rest for a few minutes before removing the hard outer leaves. Serve.

EMPANADAS
EMPANADAS

EMPANADAS DE ESPINACAS Y CHORIZO
SPINACH AND CHORIZO EMPANADAS

1 manojo de espinacas, sin tallo, lavadas y picadas
1 bunch of spinach, stemmed, washed and chopped

Masa de empanadas
Empanada dough

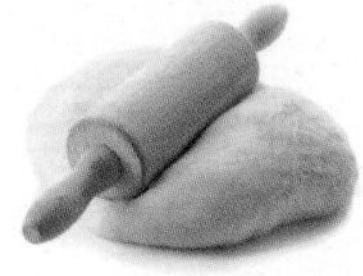

1 cucharada sopera de aceite de oliva
1 tablespoon of olive oil

50g de chorizo
50g of chorizo

1 pimiento rojo asado, pelado, sin semillas y cortado en tiras
1 red pepper, roasted, peeled, seeded and cut into strips

1 huevo batido con 2 cucharaditas de agua
1 beaten egg mixed with 2 teaspoons of water

Calentamos el aceite en una sartén a fuego medio. Añadimos el ajo y el chorizo, y los freímos durante un minuto. Agregamos las espinacas y mezclamos bien, hasta que empiecen a quedarse mustias. Añadimos las tiras de pimiento y retiramos del fuego. Dejamos enfriar. Eliminamos el líquido de las espinacas y salpimentamos. Sacamos del frigorífico grupos de cuatro o cinco círculos de masa y ponemos dos cucharaditas del relleno de espinacas en el centro de cada círculo. Doblamos las empanadas por encima del relleno y sellamos bien los bordes. Refrigeramos durante un mínimo de 15 minutos. Precalentamos el horno a 240 °C. Colocamos las empanadas, separadas por 2 cm en una bandeja previamente engrasada con aceite. Las pintamos con el huevo batido. Las horneamos hasta que se doren, durante 5-6 minutos. Servimos inmediatamente.

Heat the oil in a frying pan over medium heat. Add the garlic and chorizo and fry for one minute. Add the spinach and cook until it starts to wilt, then add the pepper strips and remove from the heat. Leave to cool. Drain the liquid from the mixture and season with salt and pepper. Pull out the empanada dough from the refrigerator (four or five dough circles at a time) and put two teaspoons of the filling in the center of each circle. Fold the empanadas over the filling and seal the edges. Refrigerate for at least 15 minutes. Preheat the oven to 240 °C. Place the empanadas 2 cm apart on a baking tray previously greased with oil and brush them with the beaten egg and water mixture. Bake until golden brown, 5-6 minutes. Serve immediately.

EMPANADAS DE PESCADO
FISH EMPANADAS

250g de pescado de carne firme, como atún o bacalao
250g of firm-fleshed fish such as tuna or cod

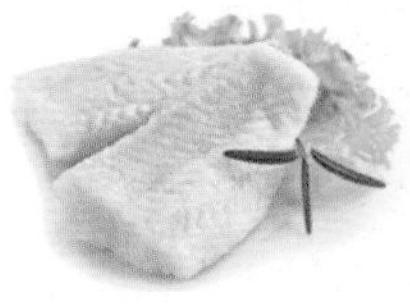

Masa de empanadas
Empanada dough

3 cucharadas soperas de aceite de oliva
3 tablespoons of olive oil

1 tomate grande, picado
1 large tomato, chopped

60g de cebolla, picada muy fina
60g onion, finely chopped

1 pimiento rojo asado, pelado y sin semillas
1 roasted red pepper, peeled and seeded

Calentamos el aceite en una sartén a fuego medio. Añadimos la cebolla y el ajo, y los freímos hasta que queden transparentes. Agregamos el tomate y la guindilla, y salpimentar al gusto. Freímos hasta que la mezcla espese ligeramente. Añadimos el pescado cocinamos unos 5 minutos y añadimos el perejil picado. Retiramos y dejamos enfriar. Agregamos el huevo duro y el pimiento rojo. Sacamos del frigorífico grupos de cuatro o cinco círculos de masa y ponemos dos cucharaditas del relleno de pescado en el centro de cada círculo. Doblamos las empanadas por encima del relleno y sellamos bien los bordes. Refrigeramos durante un mínimo de 15 minutos. Precalentamos el horno a 240 °C. Colocamos las empanadas, separadas por 2 cm en una bandeja previamente engrasada con aceite. Las pintamos con el huevo batido. Las horneamos hasta que se doren, durante 5-6 minutos. Servimos inmediatamente.

Heat the oil in a frying pan over medium heat. Add the onion and garlic and sauté until transparent. Add the tomato and chili pepper, and season to taste. Cook until the mixture thickens slightly. Add the fish, cook for about 5 minutes, and add the chopped parsley. Remove from heat and let cool. Add the hard-boiled eggs and red pepper. Pull out the empanada dough from the refrigerator (four or five dough circles at a time) and put two teaspoons of the filling in the center of each circle. Fold the empanadas over the filling and seal the edges. Refrigerate for at least 15 minutes. Preheat the oven to 240 °C. Place the empanadas, 2 cm apart, on a tray previously greased with oil and brush them with the beaten egg and water mixture. Bake until golden brown, about 5-6 minutes. Serve immediately.

EMPANADAS DE MARISCO PICANTE
SPICY SEAFOOD EMPANADAS

250g de gambas gigantes, peladas y picadas
250g of giant shrimp, peeled and chopped

220g de vieiras picadas
220g of chopped scallops

Masa de empanadas
Empanada dough

1 rama de cilantro, picada
1 sprig of cilantro, chopped

1 cebolla, picada muy fina
1 onion, finely chopped

1 + ½ cucharaditas de salsa de guindillas
1 + ½ teaspoons chili

En una sartén, a fuego medio, derretimos una cucharada sopera de mantequilla. Añadimos las gambas y las vieiras, y las salteamos hasta que las gambas cambien de color, sin que lleguen a estar del todo cocinadas. Las colocamos después en un escurridor y las enfriamos; reservamos. En otra sartén, derretimos la mantequilla restante y salteamos la cebolla, el ajo y el jengibre durante unos tres minutos o hasta que la cebolla quede completamente cocinada. Añadimos el curry en polvo y cocemos todo unos 5 minutos. Agregamos la leche de coco, el cilantro, la sal (si se desea), y la salsa de guindillas. Cocinamos durante 3-4 minutos, removiendo constantemente para que quede una mezcla uniforme. Añadimos las gambas y las vieiras, y retiramos inmediatamente del fuego. Dejamos enfriar. Sacamos del frigorífico grupos de cuatro o cinco círculos de masa y ponemos dos cucharaditas del relleno de marisco en el centro de cada círculo. Doblamos las empanadas por encima del relleno y sellamos bien los bordes. Refrigeramos durante un mínimo de 15 minutos. Precalentamos el horno a 240 °C. Colocamos las empanadas, separadas por 2 cm en una bandeja previamente engrasada con aceite. Las pintamos con el huevo batido. Las horneamos hasta que se doren, durante 5-6 minutos. Servimos inmediatamente.

In a frying pan over medium heat, melt a tablespoon of butter. Add the prawns and scallops and sauté until the prawns change colour, but are not fully cooked. Place in a colander and chill; set aside. In another pan, melt the remaining butter and sauté the onion, garlic and ginger for about three minutes or until the onion is completely cooked. Add the curry powder and cook for about 5 minutes. Add the coconut milk, coriander, salt (if desired), and chili sauce. Cook for 3-4 minutes, stirring constantly to create a uniform mixture. Add the prawns and scallops and immediately remove from the heat. Let cool. Pull out the empanada dough from the refrigerator (four or five dough circles at a time) and put two teaspoons of the filling in the center of each circle. Fold the empanadas over the filling and seal the edges. Refrigerate for at least 15 minutes. Preheat the oven to 240 °C. Place the empanadas 2 cm apart on a baking tray previously greased with oil and brush them with the beaten egg and water mixture. Bake until golden brown, about 5-6 minutes. Serve immediately.

CROQUETAS
CROQUETTES

CROQUETAS DE CHAMPIÑONES
MUSHROOM CROQUETTES

200g de champiñones medianos
200g of medium sized mushrooms

2 cucharaditas de aceite de oliva
2 teaspoons of olive oil

2 cucharadas soperas de mantequilla
2 tablespoons of butter

1 cebolla, picada finamente
1 onion, finely chopped

3/4 L de leche
3/4 L of milk

170g de harina
170g of flour

Cortamos la base de los champiñones, los lavamos y los picamos finamente. Los salteamos junto con la cebolla en una sartén con el aceite, a fuego muy alto durante hasta quedar bien dorados y reservamos. Agregamos la harina y la mantequilla para hacer un roux y cocinamos 10 minutos. Vertimos la leche, buscando formar una masa espesa y cociendo a fuego lento durante unos 10 minutos más. Agregamos los champiñones, rectificamos la sal, pimienta y nuez moscada; Ponemos en una fuente y dejamos enfriar unas horas. Después moldeamos las croquetas y las alistamos para rebozarlas. Rebozamos envolviendo las croquetas una a una con harina, las pasamos luego por el huevo batido y finalmente por el pan rallado. Freímos en aceite muy caliente, escurrimos en papel absorbente y servimos templadas o calientes.
Para el rebozado: harina, huevo batido, pan rallado y aceite

Cut the base of the mushrooms, wash them and chop them finely. Sauté them together with the onion in a frying pan with oil over a very high heat until they are well browned and set aside. In a separate an, add flour and butter to make a roux and cook for 10 minutes. Add the milk and cook over a low heat for an additional 10 minutes, or until the mixture begins to thicken. Add the mushrooms and onion mixture along with salt, pepper and nutmeg, then pour into a dish to let cool for a few hours. Once cool, mold the croquettes and prepare them for coating. Cover the croquettes one by one in flour, then dip them in the beaten egg and finally in the breadcrumbs. Fry in very hot oil, drain on absorbent paper towels and serve warm or hot.
For the batter: flour, beaten egg, breadcrumbs and oil.

CROQUETAS DE LANGOSTINOS
PRAWN CROQUETTES

8 langostinos, ya limpios
8 prawns, already cleaned

1 cucharadita de aceite de oliva
1 teaspoon of olive oil

70g de mantequilla
70g of butter

1 cebolla mediana, picada
1 medium onion, chopped

½ L de leche
½ L of milk

170g de harina
170 g of flour

Pelamos, picamos y salteamos los langostinos a fuego muy alto sin que se cocinen por completo y reservamos. En un cazo caliente rehogamos la cebolla picada con la mantequilla. Agregamos la harina, removemos y mezclamos dejando cocinar unos 10 minutos la masa resultante; vertimos la leche y formamos una masa espesa sin dejar de remover. Rectificamos la sal y agregamos los langostinos, seguimos mezclando hasta que tenga una consistencia de masa, unos 10 minutos. Dejamos enfriar unas horas. Después moldeamos las croquetas y las alistamos para rebozarlas. Rebozamos envolviendo las croquetas una a una con harina, las pasamos luego por el huevo batido y finalmente por el pan rallado. Freímos en aceite muy caliente, escurrimos en papel absorbente y servimos templadas o calientes.

Para el rebozado: harina, huevo batido, pan rallado y aceite.

Peel, chop and sauté the prawns over a very high heat without cooking them completely and set them aside. In a hot pan, sauté the chopped onion with the butter. Add the flour, stir and mix, and cook the resulting dough for about 10 minutes; pour in the milk and stir until a thick dough forms. Add the salt and prawns. Leave to cool for a few hours, then mold the croquettes and prepare them for coating. Wrap the croquettes one by one in flour, then dip them in the beaten egg and finally in the breadcrumbs. Fry in very hot oil, drain on absorbent paper and serve warm or hot.

For the batter: flour, beaten egg, breadcrumbs and oil.

CROQUETAS DE JAMON

HAM CROQUETTES

200g de jamón español, picado
200g Spanish ham, chopped

2 cucharaditas de aceite de oliva
2 teaspoons of olive oil

50g de mantequilla
50g of butter

1 cebolla mediana, picada
1 medium onion, chopped

½ L de leche
½ L of milk

150g de harina
150g of flour

En una cazuela, ponemos el aceite al fuego y cuando se deshaga añadimos el jamón picado, le damos unas vueltas y a continuación sofreímos la cebolla picada hasta que este trasparente. Agregamos la harina y cocinamos la masa unos 10 minutos. Removemos un poco y vertimos la leche, haciendo una bechamel espesa y ligada, de forma que se despegue de la cazuela; rectificamos la sal. Una vez fría esta masa, moldeamos las croquetas y las alistamos para rebozarlas. Rebozamos envolviendo las croquetas una a una con harina, las pasamos luego por el huevo batido y finalmente por el pan rallado. Freímos en aceite muy caliente, escurrimos en papel absorbente y servimos templadas o calientes. La masa se puede preparar el día antes de comer las croquetas y dejarla fría en la nevera para que resulte más fácil formarlas.
Para el rebozado: harina, huevo batido, pan rallado y aceite.

In a saucepan, heat the oil, then add the chopped ham, turn it over a few times and then add the onions and sauté until transparent. Add the flour and cook the dough for about 10 minutes. Stir a little and pour in the milk, making a thick, bound béchamel sauce, so that it comes away from the casserole; adjust seasoning if desired. Once the dough is cold, mold the croquettes and prepare them for coating. Wrap the croquettes one by one in flour, then dip them in the beaten egg and finally in the breadcrumbs. Fry in very hot oil, drain on absorbent paper and serve warm or hot. The dough can be prepared the day before eating the croquettes and left cold in the fridge to make it easier to form.
For the batter: flour, beaten egg, breadcrumbs and oil.

CROQUETAS DE BACALAO
COD CROQUETTES

300g de bacalao remojado
300g of soaked cod

3 dientes de ajo, picados
3 cloves of garlic, minced

50g de mantequilla
50g of butter

Rama de perejil, picada
Parsley sprig, chopped

½ L de leche
½ L of milk

150g de harina
150g of flour

En una cazuela, con la mantequilla, sofreímos los ajos. Agregamos la harina y formamos una roux, cocinamos unos 10 minutos y agregamos el bacalao. A continuación, añadimos la leche y rectificamos la sal, haciendo una bechamel espesa y ligada, de forma que se despegue de la cazuela. Una vez fría esta masa, moldeamos las croquetas y las alistamos para rebozarlas. Rebozamos envolviendo las croquetas una a una con harina, las pasamos luego por el huevo batido y finalmente por el pan rallado. Freímos en aceite muy caliente, escurrimos en papel absorbente y servimos templadas o calientes.

Para el rebozado: harina, huevo batido, pan rallado y aceite.

In a saucepan melt the butter then cook the garlic. Add the flour and form a roux, cook for about 10 minutes, then add the cod. Next, add the milk and salt to taste, and cook until a thick béchamel sauce forms. Once this dough has been fried, mold the croquettes and prepare them for coating. Wrap the croquettes one by one in flour, then dip them in the beaten egg and finally in the breadcrumbs. Fry in very hot oil, drain on absorbent paper and serve warm or hot.

For the batter: flour, beaten egg, breadcrumbs and oil.

CROQUETAS DE HUEVO
EGG CROQUETTES

5 huevos
5 eggs

50g de mantequilla
50g of butter

50g de jamón serrano, picado
50g serrano ham, chopped

2 ramas de perejil, picado
2 sprigs parsley, chopped

150g de harina
150g of flour

250g de leche
250g of milk

Ponemos 4 huevos en agua fría y sal y hervimos durante 12 minutos; una vez fríos, los pelamos y picamos finamente. Agregamos el jamón, la harina y la mantequilla en un cazo y cocinamos unos 10 minutos. Añadimos la leche y batimos hasta formar una masa parecida a la bechamel e incorporamos el perejil bien picado y añadimos el huevo restante para unirlo todo, rectificamos la sal. Una vez fría esta masa, moldeamos las croquetas y las alistamos para rebozarlas. Rebozamos envolviendo las croquetas una a una con harina, las pasamos luego por el huevo batido y finalmente por el pan rallado. Freímos en aceite muy caliente, escurrimos en papel absorbente y servimos templadas o calientes. Se pueden servir con salsa de tomate o con una ensalada de lechuga.
Para el rebozado: harina, huevo batido, pan rallado y aceite.

Place 4 eggs in cold water and salt and bring to a boil for 12 minutes; let cool, then peel and finely chop them. Add the ham, flour and butter in a saucepan and cook for about 10 minutes. Add the milk and beat until a béchamel-like sauce is formed, then add the finely chopped parsley and the remaining egg to bring it all together, adjusting the salt to taste. Once this dough is cooled, mold the croquettes and prepare them for coating. Coat the croquettes one by one with flour, then dip them in the beaten egg and finally in the breadcrumbs. Fry in very hot oil, drain on absorbent paper and serve warm or hot. They can be served with tomato sauce or with a green salad.
For the batter: flour, beaten egg, breadcrumbs and oil.

CROQUETAS DE MARISCO
SEAFOOD CROQUETTES

250g de marisco (mejillones, gambas, centollos, etc.)
250g of seafood (mussels, prawns, crabs, etc.)

3 cucharadas soperas de aceite de oliva
3 tablespoons of olive oil

2 dientes de ajo, picados
2 cloves garlic, minced

1 cebolla mediana, picada
1 medium onion, chopped

70g de mantequilla
70g of butter

½ L de leche, caliente
½ L of milk, hot

Cocemos los mariscos, les extraemos la carne, y la cortamos en trozos pequeños; con las cabezas, cáscaras y jugos sobrantes preparamos aparte un fumet o caldo. En un cazo caliente rehogamos en aceite la cebolla con los ajos picados y cocinamos hasta que la cebolla este transparente. Agregamos la mantequilla y la harina y mezclamos bien y cocemos durante 10 minutos. Despacio vertimos la leche caliente y ¼ de litro del fumet, hasta obtener una bechamel uniforme. Ponemos sal y agregamos los trozos de marisco, seguimos revolviendo. Dejamos enfriar unas horas. Una vez fría esta masa, moldeamos las croquetas y las alistamos para rebozarlas. Rebozamos envolviendo las croquetas una a una con harina, las pasamos luego por el huevo batido y finalmente por el pan rallado. Freímos en aceite muy caliente, escurrimos en papel absorbente y servimos templadas o calientes.
Para el rebozado: harina, huevo batido, pan rallado y aceite.

Cook the seafood, remove the meat, and cut it into small pieces; with the heads, shells and juices left over, prepare a fumet or broth separately. In a hot pan, sauté the onion with the chopped garlic in oil and cook until the onion is transparent. Add the butter and flour and mix well and cook for 10 minutes. Slowly pour in the hot milk and ¼ of the broth, until a uniform béchamel is obtained. Salt and add the pieces of seafood and keep stirring. Leave to cool for a few hours. Once this dough is cold, mold the croquettes and prepare them for coating. Wrap the croquettes one by one in flour, then dip them in the beaten egg and finally in the breadcrumbs. Fry in very hot oil, drain on absorbent paper and serve warm or hot.
For the batter: flour, beaten egg, breadcrumbs and oil.

CROQUETAS DE BERENJENAS
EGGPLANT CROQUETTES

4 berenjenas medianas
4 medium eggplants

50g de mantequilla
50g of butter

50g de jamón serrano, picado
50g serrano ham, chopped

1 cebolla mediana, picada
1 medium onion, chopped

1 cucharadita de harina
1 teaspoon of flour

½ L de leche
½ L of milk

Picamos las berenjenas y las ponemos en sal 10 minutos para que suelten el ácido; después las lavamos y las escurrimos. En una cazuela ponemos la cebolla picada con la mantequilla, estando a medio freír, agregamos las berenjenas, luego el jamón. Cuando esté todo dorado, agregamos la harina, cocinamos durante 10 minutos y vertimos la leche, removiendo para conseguir una bechamel espesa y ligada. Rectificamos la sal. Una vez fría esta masa, moldeamos las croquetas y las alistamos para rebozarlas. Rebozamos envolviendo las croquetas una a una con harina, las pasamos luego por el huevo batido y finalmente por el pan rallado. Freímos en aceite muy caliente, escurrimos en papel absorbente y servimos templadas o calientes.
Para el rebozado: harina, huevo batido, pan rallado y aceite.

Chop the eggplants and put them in salt water for 10 minutes to release the acid; then wash and drain them. In a saucepan put the chopped onion with the butter, until half-way cooked, then add the eggplants, as well as the ham. When it is all golden, add the flour, cook for 10 minutes and pour in the milk, stirring to obtain a thick, bound béchamel sauce. Adjust the salt to taste. Once this dough has been cooled down, mold the croquettes and prepare them for coating. Coat the croquettes one by one with flour, then dip them in the beaten egg and finally in the breadcrumbs. Fry in very hot oil, drain on absorbent paper and serve warm or hot.
For the batter: flour, beaten egg, breadcrumbs and oil.

CROQUETAS DE ZANAHORIA
CARROT CROQUETTES

2 zanahorias grandes, picadas
2 large carrots, chopped

50g de mantequilla
50g of butter

3 cucharadas soperas de aceite
3 tablespoons of oil

1 cebolla mediana, picada
1 medium onion, chopped

150g de harina
150g of flour

300ml de leche
300ml of milk

Picamos la zanahoria y la cebolla. Sofreímos en una cazuela con aceite y agregamos la sal, la pimienta y el curry. Agregamos la harina y la mantequilla y dejamos cocinar durante 10 minutos.

Añadimos la leche y rectificamos. Una vez fría esta masa, montamos las croquetas y las alistamos para rebozarlas. Rebozamos envolviendo las croquetas una a una con harina, las pasamos luego por el huevo batido y finalmente por el pan rallado. Freímos en aceite muy caliente, escurrimos en papel absorbente y servimos templadas o calientes.

Para el rebozado: harina, agua, pan rallado y aceite.

Chop the carrot and onion. Fry in a pan with oil and add salt, pepper and curry. Add the flour and butter and leave to cook for 10 minutes. Pour in the milk, stirring to obtain a thick, bound béchamel sauce. Adjust the salt to taste.

Once this dough has been cooled down, the croquettes are assembled and ready to be coated in batter. Coat the croquettes one by one with flour, then dip them in the beaten egg and finally in the breadcrumbs. Fry in very hot oil, drain on absorbent paper and serve warm or hot.

For the batter: flour, water, breadcrumbs and oil.

CROQUETAS DE QUESO
CHEESE CROQUETTES

150g de queso parmesano fundido
150g melted parmesan cheese

1 cebolla mediana, picada
1 medium onion, chopped

150g de harina
150g of flour

Nuez moscada
Nutmeg

50g de mantequilla
50g of butter

300ml de leche
300ml of milk

Ponemos la mantequilla al fuego junto con la cebolla y cocinamos hasta que este trasparente. Agregamos la harina, y cocinamos durante 10 minutos. Vertimos la leche, haciendo una bechamel espesa y ligada, de forma que se despegue de la cazuela. Retiramos del fuego y el queso parmesano, la sal, la pimienta y la nuez moscada. Dejamos enfriar durante una hora. Una vez fría esta masa, montamos las croquetas y las alistamos para rebozarlas. Rebozamos envolviendo las croquetas una a una con harina, las pasamos luego por clara de huevo y finalmente por el pan rallado. Freímos en aceite muy caliente, escurrimos en papel absorbente y servimos templadas o calientes.

Para el rebozado: harina, clara de huevo, pan rallado y aceite.

Heat butter in a pan with onion and cook until transparent. Add the flour, and cook for 10 minutes. Pour in the milk and stir, making a thick béchamel sauce. Remove from the heat and add the Parmesan cheese, salt, pepper and nutmeg. Leave to cool for one hour. Once this dough has cooled down, form the croquettes and prepare them for coating. Coat the croquettes one by one with flour, then coat them with egg white and finally with breadcrumbs. Fry in very hot oil, drain on absorbent paper and serve warm or hot.

For the batter: flour, egg white, breadcrumbs and oil.

CROQUETAS DE ATUN

TUNA CROQUETTES

2 latas de atún en aceite, escurrido
2 cans of tuna in oil, drained

1 cebolla mediana, picada
1 medium onion, chopped

150g de harina
150g of flour

Nuez moscada
Nutmeg

50g de mantequilla
50g of butter

300ml de leche
300ml of milk

En una cazuela, derretimos la mantequilla a fuego lento y cocinamos la cebolla hasta que este trasparente. Agregamos el atún y cocinamos 5 minutos más. Añadimos la harina, dejamos cocinar 10 minutos y vertemos la leche y la nuez moscada. rectificamos la sal y dejamos enfriar. Una vez fría esta masa, moldeamos las croquetas y las alistamos para rebozarlas. Rebozamos envolviendo las croquetas una a una con harina, las pasamos luego por clara de huevo y finalmente por el pan rallado. Freímos en aceite muy caliente, escurrimos en papel absorbente y servimos templadas o calientes.

Para el rebozado: harina, huevo batido, pan rallado y aceite.

In a saucepan, melt the butter over a low heat and cook the onion until transparent. Add the tuna and cook for 5 more minutes. Add the flour, cook for 10 minutes and pour in the milk and nutmeg, forming a bechamel-like sauce. Once this dough is cold, mold the croquettes and prepare them for coating. Coat the croquettes one by one with flour, then coat them with egg white and finally with breadcrumbs. Fry in very hot oil, drain on absorbent paper and serve warm or hot.

For the batter: flour, beaten egg, breadcrumbs and oil.

CROQUETAS DE SETAS
MUSHROOM CROQUETTES

250g de setas, limpias y cortadas en daditos
250g mushrooms, cleaned and diceddiced

1 cebolla mediana, picada
1 medium onion, chopped

150g de harina
150g of flour

Sal y pimienta
Salt and pepper

50g de mantequilla
50g of butter

300ml de leche
300ml of milk

Rehogamos la cebolla con la mantequilla y añadimos las setas ya cortadas. Cocemos a fuego medio durante 10 minutos. Agregamos la harina y se cuece durante unos 10 minutos. Se vierte la leche poco a poco, cuidando de formar una masa espesa y cociendo a fuego lento durante unos quince minutos.

Se rectifica de sal y pimienta. Ponemos la masa extendida en una fuente o sobre una placa y dejamos enfriar. Una vez fría esta masa, montamos las croquetas y las alistamos para rebozarlas. Rebozamos envolviendo las croquetas una a una con harina, las pasamos luego por clara de huevo y finalmente por el pan rallado. Freímos en aceite muy caliente, escurrimos en papel absorbente y servimos templadas o calientes.

Para el rebozado: harina, huevo batido, pan rallado y aceite.

Sauté the onion and mushrooms in the butter over medium heat for 10 minutes. Add the flour and cook for about 10 minutes. Pour the milk little by little, to form a thick sauce and cook over a low heat for about fifteen minutes.

Add salt and pepper if necessary. Put the dough in a dish or on a plate and let it cool. Once this dough has cooled down, mold the croquettes and prepare them for coating. Wrap the croquettes one by one in flour, then coat them in egg white and finally in breadcrumbs. Fry in very hot oil, drain on absorbent paper towels and serve warm or hot.

For the batter: flour, beaten egg, breadcrumbs and oil.

CROQUETAS DE NUECES Y QUESO AZUL
WALNUT AND BLUE CHEESE CROQUETTES

200g de nueces peladas
200g of peeled walnuts

150g de queso azul
150g blue cheese

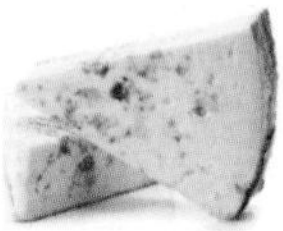

1 cebolla mediana, picada
1 medium onion, chopped

250g de setas, limpias y cortadas en daditos
250g mushrooms, cleaned and diced

50g de mantequilla
50g of butter

300ml de leche
300ml of milk

Derretimos la mantequilla en una cazuela con la cebolla y cocinamos hasta que quede trasparente. Agregamos la harina y cocinamos durante unos 10 minutos. Vertimos la leche y removemos. Agregamos el queso, las nueces y rectificamos la sal y pimienta. Ponemos la masa extendida en una fuente o sobre una placa y dejamos enfriar. Una vez fría esta masa, montamos las croquetas y las alistamos para rebozarlas. Rebozamos envolviendo las croquetas una a una con harina, las pasamos luego por clara de huevo y finalmente por el pan rallado. Freímos en aceite muy caliente, escurrimos en papel absorbente y servimos templadas o calientes.

Para el rebozado: harina, huevo batido, pan rallado y aceite.

Melt the butter in a pan with the onion and cook until transparent. Add the flour and cook for about 10 minutes. Pour in the milk and stir. Add the cheese, the nuts and adjust the salt and pepper. Put the dough in a dish or on a plate and let it cool down. Once this dough is cold, mold the croquettes and prepare them for coating. Coat the croquettes one by one in flour, then coat them in egg white and finally in breadcrumbs. Fry in very hot oil, drain on absorbent paper towels and serve warm or hot.

For the batter: flour, beaten egg, breadcrumbs and oil.

CROQUETAS DE CARNE
MEAT CROQUETTES

200g de carne picada
200g of ground beef

3 cucharadas soperas de aceite de oliva
3 tablespoons of olive oil

1 cebolla mediana, picada
1 medium onion, chopped

150g de harina
150g of flour

50g de mantequilla
50g of butter

300ml de leche
300ml of milk

Freímos la carne y la cebolla en una sartén con aceite caliente, removiendo hasta que esté bien hecha. Agregamos la sal, la pimienta y la harina; cocinamos durante 10 minutos y vertimos la leche. Una vez fría esta masa, moldeamos las croquetas y las alistamos para rebozarlas. Rebozamos envolviendo las croquetas una a una con harina, las pasamos luego por clara de huevo y finalmente por el pan rallado. Freímos en aceite muy caliente, escurrimos en papel absorbente y servimos templadas o calientes.

Para el rebozado: harina, huevo batido, pan rallado y aceite.

Cook the meat and onion in a pan with hot oil. Add salt, pepper and flour, cook for 10 minutes, then pour in the milk, stirring until a thick, bechamel-like sauce is formed. Once this dough is cooled, mold the croquettes and prepare them for coating. Wrap the croquettes in flour one by one, then coat them in egg white and finally in breadcrumbs. Fry in very hot oil, drain on absorbent paper towels and serve warm or hot.

For the batter: flour, beaten egg, breadcrumbs and oil.

CROQUETAS DE VERDURAS
VEGETABLE CROQUETTES

1 calabacín grande, picado
1 large zucchini, chopped

1 puerro, picado
1 leek, chopped

1 zanahoria, picada
1 carrot, chopped

1 cebolla mediana, picada
1 medium onion, chopped

50g de mantequilla
50g of butter

300ml de leche
300ml of milk

Lavamos todas las verduras y las picamos finamente. En un cazo, derretimos la mantequilla y el aceite y cocinamos primero la cebolla hasta que este trasparente. Añadimos el resto de las verduras y cocinamos a fuego alto hasta que estas estén un poco doradas. Agregamos la harina y cocinamos unos 10 minutos y vertemos la leche. Salpimentamos y dejamos enfriar.

Una vez fría esta masa, montamos las croquetas y las alistamos para rebozarlas. Rebozamos envolviendo las croquetas una a una con harina, las pasamos luego por clara de huevo y finalmente por el pan rallado. Freímos en aceite muy caliente, escurrimos en papel absorbente y servimos templadas o calientes.

Para el rebozado: harina, huevo batido, pan rallado y aceite.

Wash all the vegetables and chop them finely. In a saucepan, melt the butter and oil and cook the onion until it is transparent. Add the rest of the vegetables and cook over a high heat until they are a lightly browned. Add the flour and cook for about 10 minutes and pour in the milk. Add salt and pepper and let it cool down.

Once this dough is cold, mold the croquettes and prepare them for coating. Coat the croquettes one by one in flour, coat them in egg white and finally in breadcrumbs. Fry in very hot oil, drain on absorbent paper towels and serve warm or hot.

For the batter: flour, beaten egg, breadcrumbs and oil.

CROQUETAS DE ESPINACAS
SPINACH CROQUETTES

1kg de espinacas
1 kg of spinach

4 cucharadas soperas de aceite de oliva
4 tablespoons of olive oil

50g de mantequilla
50 g of butter

150g de harina
150 g of flour

300ml de leche
300 ml of milk

Sal y pimienta
Salt and pepper

Sofreímos unos minutos la cebolla picada en una cazuela con un poco de aceite. Agregamos las espinacas picadas.

Removemos y se dejan rehogar unos minutos. Añadimos una pizca de sal y apartamos. En una sartén grande, derretimos la mantequilla a fuego lento. Agregamos la harina y dejamos enfriar un poco. Vertimos poco a poco la leche, removiendo bien. Agregamos las espinacas con un poco más de sal, nuez moscada y queso rallado. Mezclamos y removemos a fuego lento. Una vez fría esta masa, moldeamos las croquetas y las alistamos para rebozarlas. Rebozamos envolviendo las croquetas una a una con harina, las pasamos luego por huevo batido y finalmente por el pan rallado. Freímos en aceite muy caliente, escurrimos en papel absorbente y servimos templadas o calientes.

Para el rebozado: harina, huevo batido, pan rallado y aceite.

Sauté the chopped onion for a few minutes in a pan with a little oil. Add the chopped spinach.

Stir and leave to sauté for a few minutes. Add a pinch of salt and set aside. In a large pan, melt the butter over a low heat. Add the flour and let it cool down a bit. Gradually pour in the milk, stirring well. Add the spinach with a little more salt, nutmeg and grated cheese. Mix and stir over low heat. Once this dough is fried, mold the croquettes and prepare them for coating. Coat the croquettes one by one with flour, then dip them in beaten egg and finally in breadcrumbs. Fry in very hot oil, drain on absorbent paper towels and serve warm or hot.

For the batter: flour, beaten egg, breadcrumbs and oil.

CROQUETAS DE QUINOA
QUINOA CROQUETTES

200g de quinoa
200g of quinoa

4 cucharadas soperas de aceite de oliva
4 tablespoons of olive oil

200g de tofu, rallado
200g tofu, grated

100g de champiñones, picados
100g mushrooms, chopped

150g de harina
150g of flour

300ml de leche de arroz
300ml of rice milk

Lavamos bien la quinoa y la ponemos a hervir en una olla con agua y sal, una media hora. Colamos y dejamos enfriar.

Aparte, sofreímos la cebolla hasta que este trasparente y agregamos los champiñones. Una vez estén bien dorados, añadimos la harina y cocinamos unos 10 minutos. Vertemos la bebida vegetal de arroz y cocinamos unos 10 minutos más. Agregamos la albahaca, la quinoa, el tofu, la sal y la pimienta y dejamos enfriar. Una vez fría esta masa, montamos las croquetas y las alistamos para rebozarlas. Rebozamos envolviendo las croquetas una a una con harina, las pasamos luego por bebida vegetal y finalmente por el pan rallado. Freímos en aceite muy caliente, escurrimos en papel absorbente y servimos templadas o calientes.

Para el rebozado: harina, leche de arroz, pan rallado y aceite.

Wash the quinoa well and boil it in a pot with water and salt for half an hour. Strain it and let it cool down.

Separately, sauté the onion until transparent and add the mushrooms. Once they are well browned, add the flour and cook for about 10 minutes. Pour in the vegetable rice drink and cook for another 10 minutes. Add the basil, quinoa, tofu, salt and pepper and let cool. Once this mixture is cold, mold the croquettes and prepare them for coating. Coat the croquettes one by one with flour, then dip them in rice milk and finally in breadcrumbs. Fry in very hot oil, drain on absorbent paper towels and serve warm or hot.

For the batter: flour, rice milk, breadcrumbs and oil.

TAPAS DE HUEVO

EGG TAPAS

HUEVOS A LA FLAMENCA
EGGS FLAMENCO STYLE

6 huevos
6 eggs

12 puntas de espárragos trigueros finos
12 fine wild asparagus tips

250g de tomate natural, cortado a trozos grandes
250g tomato, cut into large pieces

1 chorizo pequeño, cortado a rodaja de 1 cm de grosor
1 small sausage, sliced 1 cm thick

90g de lonchas de jamón serrano
90g slices of serrano ham

1 pimiento rojo asado, pelado y sin semillas, cortado a tiras
1 roasted red pepper, peeled and seeded, cut into strips

Calentamos el aceite en una sartén, a fuego medio. Añadimos la cebolla y el ajo, y Freímos durante tres minutos. Agregamos el tomate y sofreímos durante diez minutos. En otra sartén, Freímos el jamón y el chorizo durante unos tres minutos.

Precalentamos el horno a 200 °C. Repartimos el sofrito de tomate en 3 cazuelitas individuales. Rompemos dos huevos en cada uno de ellos y colocamos luego el jamón, el chorizo, los espárragos y las tiras de pimiento. Espolvoreamos con el perejil y salpimentamos. Horneamos hasta que los huevos estén cocinados, pero con las yemas aún blandas. Servir inmediatamente.

NOTA: Podemos variar su preparación añadiéndole una cucharada sopera de salsa de guindillas al sofrito, o bien espolvoreando una pizca de queso parmesano rallado por encima.

Heat the oil in a frying pan over medium heat. Add the onion and garlic, and cook for three minutes. Add the tomato and sauté for ten minutes. In another pan, cook the ham and chorizo for about three minutes.

Preheat the oven to 200 °C. Divide the tomato sauce into three small individual casseroles. Break two eggs in each of them and then add the ham, chorizo, asparagus and pepper strips. Sprinkle with parsley and season with salt and pepper. Bake until the eggs are cooked but the yolks are still soft. Serve immediately.

NOTE: You can vary its preparation by adding a tablespoon of chili sauce to the sofrito, or by sprinkling a pinch of grated Parmesan cheese on top.

HUEVOS DUROS PICANTES
SPICY HARD-BOILED EGGS

8 huevos duros
8 boiled eggs

1 cebolla, cortada a rodajas finas
1 onion, thinly sliced

1 cucharadita de comino en polvo
1 teaspoon cumin powder

Jengibre fresco
Fresh ginger

1 cucharada sopera de guindilla picada, sin semillas
1 tablespoon of chopped chilli, seeded

375ml de leche de coco
375 ml of coconut milk

En un cazo ponemos 8 huevos en agua hirviendo y cocinamos durante 10 minutos. Enfriamos, pelamos, cortamos a mitades separando cuidadosamente la clara de la yema y reservamos.

En una sartén grande, calentamos el aceite de oliva a fuego medio. Freímos el ajo, el jengibre y la cebolla hasta que se ablanden. Agregamos las especias y la guindilla y dejamos en el fuego dos minutos más, removiendo constantemente. Retiramos y dejamos enfriar.

Cuando esté fría, batir la mezcla de cebolla y especias junto con la leche de coco. Vertemos de nuevo en la sartén y dejamos que reduzca. Dejamos enfriar. Una vez frio, añadimos las yemas cocidas y mezclamos bien hasta conseguir una masa consistente para rellenar las claras que habíamos reservado. Rellenamos los huevos con dos cucharaditas de la mezcla y servimos con las ramitas de cilantro como decoración.

In a saucepan put 8 eggs in boiling water and cook for 10 minutes. Cool, peel, cut in half, carefully separating the white from the yolk and set aside.

In a large frying pan, heat the olive oil over medium heat. Sauté the garlic, ginger and onion until soft. Add the spices and chili and cook for two more minutes, stirring constantly. Remove and let cool.

When cool, blend the onion and spice mixture together with the coconut milk. Pour it back into the pan and let it reduce. Let it cool down. Once cold, add the cooked yolks and mix well until you get a uniform mixture. Fill the egg whites with two teaspoons of the mixture and serve with the sprigs of cilantro as decoration.

HUEVOS RELLENOS DE MAIZ CON QUESO Y MAYONESA

CORN-FILLED EGGS WITH CHEESE AND MAYONNAISE

8 huevos
6 eggs

1 lata de maíz en conserva, escurrido
1 can of corn, drained

1 lata de pimiento de piquillo, cortado a tiras
1 can of piquillo peppers, cut into strips

Un puñado de aceitunas, a rodajas
A handful of olives, sliced

4 cucharadas soperas de salsa mayonesa
4 tablespoons of mayonnaise

100g de queso rallado
100g of grated cheese

En un cazo ponemos 6 huevos en agua hirviendo y cocinamos durante 10 minutos. Enfriamos, pelamos, cortamos a mitades separando cuidadosamente la clara de la yema y reservamos.

Una vez frías las yemas, las introducimos en un recipiente junto con el maíz, las aceitunas y la salsa mayonesa. Mezclamos todo bien y salpimentamos. Finalmente, colocamos la clara de los huevos en una bandeja distribuimos la mezcla sobre cada clara y la decoramos con una tira de pimiento del piquillo y una aceituna.

In a saucepan put 6 eggs in boiling water and cook for 10 minutes. Cool, peel, and cut in half, carefully separating the white from the yolk and set aside.

Once the yolks are cooled, place them in a bowl along with the corn, olives and mayonnaise. Mix everything well and add salt and pepper. Finally, place the egg whites on a tray, divide the mixture between the egg whites and decorate with a strip of piquillo pepper and an olive.

HUEVOS RELLENOS DE SALMON
SALMON STUFFED EGGS

6 huevos frescos
6 fresh eggs

150g de salmón ahumado, en lonchas
150g smoked salmon, sliced

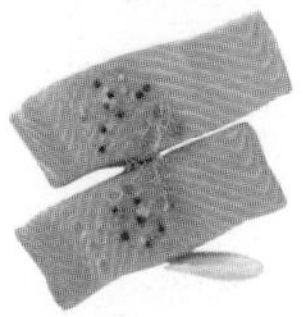

2 cucharadas soperas de mayonesa
2 tablespoons of mayonnaise

1 + ½ cucharaditas de perejil picado
1 + 1½ teaspoons of chopped parsley

1 pimiento verde, sin semillas y a tiras
1 green pepper, seeded and sliced

1 cucharadita de pimentón
1 teaspoon of paprika

En un cazo ponemos 6 huevos en agua hirviendo y cocinamos durante 10 minutos. Enfriamos, pelamos, cortamos a mitades separando cuidadosamente la clara de la yema y reservamos.

Colocamos todos los ingredientes, excepto las claras que hemos separado el salmón y el pimiento, y mezclamos bien. Rellenamos las claras de huevo con la mezcla de las yemas, con ayuda de una manga pastelera. Coronamos con las tiras de salmón y pimiento.

In a saucepan put 6 eggs in boiling water and cook for 10 minutes. Cool, peel, cut in half, carefully separating the white from the yolk and set aside.

Place all the ingredients, except the egg whites, in a bowl and mix well. Stuff the egg whites with the yolk mixture using a piping bag. Top with the strips of salmon and pepper.

TORTILLA DE CALABACINES
ZUCCHINI OMELETTE

300 g de calabacines, cortados a rodajas de 1 cm de grosor
300g zucchini, sliced 1 cm thick

5 cucharadas soperas de aceite de oliva
5 tablespoons of olive oil

12 huevos
12 eggs

Sal y pimienta recién molida
Salt and freshly ground

60g de cebolla picada muy fina
60g onion, finely chopped

Salteamos los calabacines a fuego alto durante unos tres minutos o hasta que estén dorados con 2 cucharadas de aceite y los escurrimos. En un recipiente grande, batimos los huevos y salpimentamos al gusto.

Calentamos 1 cucharada de aceite de oliva en una sartén, de unos 20 cm de ancho y 5 cm de hondo, a fuego medio. Agregamos la cebolla y saltearlos durante 2-3 minutos o hasta que este totalmente cocinada.

Añadimos al huevo batido la cebolla y los calabacines; en la misma sartén, Calentamos el resto del aceite hasta que humee. Vertemos el huevo y removerlo un poco, para que no se pegue a la sartén. Cocinamos a fuego medio hasta que la tortilla esté hecha por debajo. Colocamos un plato grande encima de la sartén y dar la vuelta a la tortilla, volviéndola a volcar en la sartén, y dejándola hasta que esté lista. Cortamos en 12 porciones iguales y servimos.

Sautee the zucchini over a high heat for about three minutes or until golden with 2 tablespoons of oil and then drain excess liquid. In a large bowl, beat the eggs and season to taste.

Heat 1 tablespoon of olive oil in a frying pan, about 20 cm wide and 5 cm deep, over medium heat. Add the onion and sauté for 2-3 minutes or until fully cooked.

Add the onion and zucchini to the beaten egg; in the same pan, heat the rest of the oil until it is smoking. Pour in the egg and stir it a little, so that it does not stick to the frying pan. Cook over medium heat until the omelette is done underneath. Place a large plate on top of the frying pan and turn the omelette over, putting it back in the frying pan and continuing to cook it until it is done. Cut into 12 equal portions and serve.

TORTILLA DE GAMBAS PICANTES
SPICY SHRIMP OMELETTE

1kg de gambas, peladas y limpias
1kg of shrimps, peeled and cleaned

3 cucharadas soperas de aceite de oliva
3 tablespoons of olive oil

3 ajos tiernos, cortados a rodajas
3 green garlic, sliced

12 huevos
12 eggs

4 guindillas rojas picadas, sin semillas
4 red chilies, chopped,

1 cucharadita de sal
1 teaspoon of salt

Calentamos dos cucharadas soperas de aceite de oliva en una sartén, de 15-20 cm de diámetro y unos 5 cm de hondo, a fuego medio. Cuando empiece a humear, salteamos las guindillas con los ajos tiernos y las gambas con cuidado de no cocinarlo demasiado. Las retiramos del fuego. Batir los huevos con sal en un recipiente grande, que pueda contener todos los ingredientes. Añadimos las guindillas, las gambas los ajos tiernos. En la misma sartén, Calentamos el resto del aceite hasta que humee. Verter el huevo y removerlo un poco, para que no se pegue al fondo. Cuanto la tortilla esté un poco hecha, reducir la intensidad del fuego, agitar un poco la sartén y pasar una espátula por los lados, para evitar que se pegue.

Cuando esté casi lista, darle la vuelta con ayuda de un plato grande. Antes de devolver la tortilla a la sartén, volver a subir la intensidad del fuego y Añadimos más aceite si es necesario. Ponemos de nuevo la tortilla en la sartén, por el otro lado. Reducir el fuego y cocinarla hasta que esté lista. Darle de nuevo la vuelta y la colocamos en un plato. La dejamos reposar unos minutos antes de cortarla en porciones y servimos caliente o a temperatura ambiente.

Heat two tablespoons of olive oil in a frying pan 15-20 cm in diameter and about 5 cm deep over medium heat. When it starts to smoke, sauté the peppers with the garlic and prawns, being careful not to overcook them. Remove from the heat. Beat the eggs with salt in a large bowl which can hold all the ingredients. Add the peppers, prawns and garlic. In the same pan, heat the rest of the oil until it is smoking. Pour in the egg and stir it a little, so that it doesn't stick to the bottom. When the omelette is starting to set, reduce the intensity of the heat, shake the frying pan a little and pass a spatula over the sides, to prevent it from sticking.

When the omelette is almost ready, turn it over with the help of a large plate. Before returning the tortilla to the frying pan, turn up the heat again and add more oil if necessary. Put the tortilla back in the frying pan, on the other side. Reduce the heat and cook until ready. Turn it over again and place it on a plate. Let it rest for a few minutes before cutting it into portions and serve it hot or at room temperature.

HUEVOS ESTRELLADOS
FRIED EGGS

4 huevos
4 eggs

Aceite para freír, abundante
Oil for frying, abundant

2 patatas, peladas y cortadas a lo largo y finas
2 potatoes, peeled and cut lengthwise and thinly

En un cazo con abundante aceite caliente freímos las patatas, las escurrimos y las secamos bien con absorbente de cocina. En esa misma sartén, quitamos aceite y dejamos solo unas pocas cucharadas. Subimos el fuego al máximo. Echamos los huevos y los dejamos freír hasta que esté la clara crujiente y la yema sin cuajar. Con mucho cuidado y ayudándonos de una espumadera, les damos la vuelta y los ponemos sobre las patatas. Los rompemos con la ayuda de un tenedor y una cuchara y servimos inmediatamente.

Fry the potatoes in a pan with plenty of hot oil, drain and dry them well with paper towels. In the same pan, remove some oil, leaving only a few spoonfuls. Turn up the heat to high. Add the eggs and leave them to fry until the white is crisp and the yolk is not set. With great care and with the help of a skimmer, flip them over and put them on top of the potatoes. Break the yolk with the help of a fork and spoon and serve immediately.

HUEVOS ESCALFADOS CON AGUACATE
POACHED EGGS WITH AVOCADO

2 huevos frescos
2 fresh eggs

1 aguacate maduro
1 ripe avocado

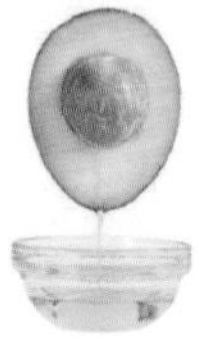

Aceite de oliva
Olive oil

2 tostadas integrales
2 slices whole wheat toast

1 pimiento de cayena
Cayenne pepper

Sal y pimienta
Salt and pepper

Ponemos a hervir agua, sal y el vinagre blanco, en caso de que no tengamos vinagre blanco a mano, cualquier otro servirá, aunque podría alterar ligeramente el sabor final. Rompemos los huevos en recipientes pequeños por separado y colocamos con cuidado uno a uno dentro del agua sin dejar que rompa a hervir, bajamos el fuego y dejamos cocer 3 minutos o hasta cuajar solo la clara y retiramos.

Tostamos el pan. Cortamos el aguacate en rodajas y lo colocamos sobre las tostadas, añadimos un chorrito de aceite de oliva y ponemos el huevo escalfado encima.

Salpimentamos y añadimos un poco de pimienta de cayena triturada.

Bring water, salt and white vinegar to a boil. In case you do not have white vinegar on hand, any other will do, although it might slightly alter the final result. Break the eggs into small bowls separately and carefully place one by one in the simmering water and leave to cook for 3 minutes or until only the white is set and then remove.

Toast the bread. Cut the avocado in slices and place it on the toasts, add a splash of olive oil and place the poached egg on top.

Season with salt and pepper and add some crushed cayenne pepper.

TAPAS DE CARNE
MEAT TAPAS

ALBONDIGAS
MEATBALLS

500g de carne picada, de cerdo y ternera
500g of minced meat, pork and beef

Aceite para freír
Frying oil

3 huevos
3 eggs

60g de cebolla, finamente picada
60g onion, finely chopped

60g de pan rallado
60g of breadcrumbs

125g de harina
125g of flour

En un recipiente, combinamos la carne, los huevos, la cebolla, la leche, el perejil, el ajo y el pan; y los dejamos reposar durante 30 minutos para que los sabores se unifiquen.

En una sartén, calentamos suficiente cantidad de aceite para cubrir las albóndigas. Damos forma a las albóndigas y las enharinamos. Cuando el aceite alcance una temperatura de 180 °C, freímos las albóndigas dándoles la vuelta hasta que estén doradas por fuera y cocidas por dentro. Las colocamos sobre papel absorbente y servimos inmediatamente.

Tip: *Esta receta dará para unas 40-50 albóndigas de unos 2,5 cm de diámetro. Cuando se sirven como tapa, las albóndigas suelen ir acompañadas de mayonesa, pero también se pueden calentar en salsa de tomate.*

In a bowl, combine the meat, eggs, onion, milk, parsley, garlic and bread and let them rest for 30 minutes so that the flavors combine.

In a frying pan, heat enough oil to cover the meatballs. Shape the meatballs and coat them with flour. When the oil reaches a temperature of 180 °C, fry the meatballs by turning them over until they are golden on the outside and cooked on the inside. Place them on absorbent paper and serve immediately.

Tip: *This recipe can be used for about 40-50 meatballs with a diameter of about 2.5 cm. When served as a tapa, the meatballs are usually accompanied by mayonnaise, but can also be heated in tomato sauce.*

PINCHOS MORUNOS
MOORISH PINCHOS

500-750g de carne magra de cerdo, cortada en dados de 2 cm por lado
500-750g lean pork, diced 2 cm wide

125ml de aceite de oliva
125ml of olive oil

1 cucharadita de tomillo fresco picado
1 teaspoon fresh thyme, chopped

1 cucharadita de pimentón
1 teaspoon of paprika

1 cucharadita de sal
1 teaspoon of salt

1 cucharadita de guindilla en polvo
1 teaspoon of chili powder

En un recipiente grande, mezclamos el aceite, el tomillo, el pimentón, la sal y la guindilla. Añadimos la carne y removemos bien, para cubrirla con el condimento. Tapamos y dejamos marinar una noche entera en el frigorífico. Encendemos la barbacoa con carbón vegetal. Pinchamos los trozos de carne en brochetas y guardamos la marinada. En una cacerola pequeña, hervimos la marinada, retiramos del fuego y reservamos. Cuando las brasas estén calientes, asamos las brochetas al término preferido, untándolas frecuentemente con la marinada. Servimos inmediatamente.

–También necesitaremos una barbacoa.

In a large bowl, mix the oil, thyme, paprika, salt and chili. Add the meat and stir well, to coat it with the seasoning. Cover and marinate overnight in the refrigerator. Light the barbecue with charcoal. Skewer the pieces of meat and reserve the marinade. In a small saucepan, boil the marinade, remove from the heat and set aside. When the grill is hot, roast the skewers to the desired doneness, basting them frequently with the marinade. Serve immediately.

–We'll also need a barbecue.

MUSLITOS DE POLLO
CHICKEN THIGHS

16 muslitos de pollo, sin piel
500g baking flour

Aceite de oliva para freír
500g baking flour

250 ml de caldo de pollo
500g baking flour

500g de tomate natural, pelado
500g baking flour

1 cebolla, picada muy fina
500g baking flour

Sal y pimienta recién molida
Salt and freshly ground pepper

Precalentamos el horno a 150 °C. Enharinamos los muslitos de pollo. En una sartén, a fuego medio, calentamos el aceite. Freímos el pollo, dándole vueltas para que se dore uniformemente. Lo sacamos de la sartén y eliminamos el exceso de aceite. Salteamos el ajo y la cebolla hasta que esté traslúcida. Añadimos los tomates y sofreímos durante 15 minutos. Retiramos del fuego, dejamos enfriar la mezcla un poco para poder triturar junto con el caldo de pollo. Salpimentamos.

Ponemos los muslitos en una bandeja para el horno y los bañamos con la salsa de tomate. Los cubrimos con papel de aluminio y horneamos durante 25 minutos. Quitamos el aluminio, les damos la vuelta, escurrimos el exceso de líquido y seguimos horneando hasta que el pollo esté tierno, unos 25 minutos más. Servimos inmediatamente.

Preheat the oven to 150 °C. Coat the chicken thighs with flour. In a frying pan, over medium heat, heat the oil. Fry the chicken, turning it over so that it browns evenly. Take it out of the pan and remove the excess oil. Sauté the garlic and onion until translucent. Add the tomatoes and sauté for 15 minutes. Remove from the heat and let the mixture cool down a little and then blend it with the chicken broth. Season with salt and pepper.

Put the thighs on an oven tray and cover them with the tomato sauce. Cover with aluminum foil and bake for 25 minutes. Remove the foil, turn them over, drain the excess liquid and continue baking until the chicken is tender, about 25 minutes more. Serve immediately.

SOLOMILLO DE TERNERA CON FOIE
BEEF TENDERLOIN WITH FOIE

800g de solomillo
800g of sirloin

6 cucharadas soperas de aceite de oliva
6 tablespoons of olive oil

200ml de fondo oscuro o caldo de carne
200 ml beef stock

8 láminas de foie fresco
8 slices of fresh foie

100ml de leche
100 ml of milk

300ml vino dulce oporto
300 ml sweet port wine

Cocemos las patatas en una cacerola con agua y sal durante 15 minutos. Escurrimos y las hacemos puré. Calentamos el puré en una cacerola, añadimos la leche poco a poco y mezclamos bien hasta obtener una textura cremosa. Salpimentamos y reservamos.

Para la salsa, hervimos el vino hasta que el alcohol se evapore. Agregamos el caldo o el fondo y dejamos reducir hasta conseguir un sabor intenso. Como buscamos una textura un tanto espesa, en un bol pequeño mezclamos la maicena con 6 cucharadas de agua y agregamos poco a poco esta mezcla al cazo con el fondo hirviendo y removemos constantemente hasta obtener la textura deseada. Salpimentamos.

Precalentamos el horno a 220 °C.

Cortamos el solomillo en ocho trozos, los rociamos con un poco de aceite y los ponemos en la barbacoa o sartén. Sellamos la carne durante 2 minutos de cada lado, extendemos en una bandeja de horno y salpimentamos. Incorporamos sobre cada trozo de carne una lámina de foie salpimentada y horneamos 2-3 minutos.

Para servir ponemos un poco de la crema de patata en el medio del plato y colocamos sobre la crema el solomillo con el foie. Salseamos y decoramos el plato con una hojita de perejil.

Cook the potatoes in a pan with water and salt for 15 minutes. Drain and mash them. Heat the mashed potatoes in a saucepan, add the milk little by little and mix well until you get a creamy texture. Season with salt and pepper and set aside.

For the sauce, boil the wine until the alcohol evaporates. Add the broth and let it reduce until you get an intense flavor. As we are looking for a somewhat thick texture, in a small bowl mix the cornstarch with 6 spoonfuls of water and add this mixture little by little to the saucepan over high heat and stir constantly until the desired texture is obtained. Season with salt and pepper.

Preheat the oven to 220 °C.

Cut the sirloin into eight pieces, sprinkle them with a little oil and put them on the barbecue or frying pan. Sear the meat for 2 minutes on each side, spread on a baking tray and season with salt and pepper. Add a slice of seasoned foie gras to each piece of meat and bake for 2-3 minutes.

To serve, place some of the potato cream in the middle of the plate and place the sirloin with the foie on top. Sauté and decorate the dish with a leaf of parsley.

SOLOMILLO Y CHAMPIÑONES CON PURE DE MANZANA

SIRLOIN AND MUSHROOMS WITH APPLESAUCE

1 solomillo de cerdo
1 pork fillet

20g de mantequilla
20g of butter

6 lonchas de tocineta
6 slices of bacon

200g de champiñones medianos, laminados
200g medium-sized mushrooms, sliced

1 cucharadita de mostaza
1 teaspoon of mustard

2 cucharadas soperas de vino dulce
2 tablespoons of sweet wine

Para el puré de manzana, descorazonamos las manzanas e introducimos en cada agujero un poco de mantequilla. Las ponemos en una bandeja apta para el horno, mojamos con el vino dulce y horneamos a 200 °C, durante 25 minutos. Retiramos la piel a las manzanas, condimentamos con sal y pimienta y machacamos bien hasta hacer un puré fino. Aderezamos con un chorrito de aceite. Salteamos las láminas de champiñones y una vez estén doradas les agregamos la nata y la mostaza. Removemos hasta formar una salsa. Cortamos el solomillo en 6 dados y los condimentamos con sal y pimienta. Envolvemos cada dado con una loncha de tocineta.

Cortamos el solomillo en 6 dados y los condimentamos con sal y pimienta. Envolvemos cada dado con una loncha de tocineta. Cocinamos a fuego medio los dados, dejamos que se doren 1-2 minutos por cada una de las seis caras. Cuando todas las caras tengan una capa crujiente, retiramos del fuego.

Para emplatar, ponemos un poco de puré de manzana en un lado del plato. En otro lado del mismo plato, ponemos como base una cucharada de la salsa de champiñones y sobre ella el solomillo envuelto. Servimos inmediatamente.

For the apple puree, core the apples and put a little butter in each hole. Put them on a tray suitable for the oven, pour on the sweet wine and bake in the oven at 200 °C for 25 minutes. Remove the skin from the apples, season with salt and pepper and mash well to a fine puree. Season with a little oil.

Sauté the mushroom slices and once they are golden brown add the cream and mustard. Stir until it forms a sauce.

Cut the sirloin into 6 cubes and season with salt and pepper. Wrap a slice of bacon around each cube. Cook the cubes over medium heat, allowing them to brown for 1-2 minutes on each of the six sides. When all the faces have a crisp layer, remove from the heat.

To plate, put a little apple puree on one side of the plate. On the other side of the same plate, put a spoonful of the mushroom sauce as a base and on top of it the wrapped sirloin. Serve immediately.

SOLOMILLO DE CERDO AL HORNO
BAKED PORK FILLET

1 solomillo de cerdo grande o 2 medianos
1 large or 2 medium pork fillets

2 ½ cucharadas soperas de aceite de oliva
2 ½ tablespoons of olive oil

2 ½ hojas de romero fresco picado
2 ½ fresh chopped rosemary leaves

2 ½ cucharadas de mostaza gruesa
2 ½ tablespoons of grainy mustard

5 dientes de ajo, picados
5 cloves of garlic, minced

Sal y pimienta negra recién molida
Freshly and ground black pepper

Precalentamos el horno a 225 °C. Forramos con papel de aluminio una bandeja para hornear y aceitamos. Extendemos el solomillo en la bandeja y dejamos a un lado.

En un bol pequeño, mezclamos el aceite de oliva, las hojas de romero, la mostaza, el ajo, la sal y pimienta negra y cuidadosamente esparcimos y frotamos la mezcla en todo el solomillo, sobre todo por encima. Introducimos en el horno precalentado y asamos hasta que la carne se encuentre dorada, aproximadamente unos 20 minutos para un solomillo pequeño y unos 25-30 minutos para uno grande. Cuando la carne esté hecha, retiramos del horno y dejamos reposar 5-10 minutos antes de cortarla. Pasado ese tiempo servimos.

Preheat the oven to 225 °C. Line a baking tray with aluminum foil and oil. Spread the sirloin on the tray and set aside.

In a small bowl, mix the olive oil, rosemary leaves, mustard, garlic, salt and black pepper and carefully spread and rub the mixture all over the sirloin, especially on top. Place in a preheated oven and roast until the meat is golden brown, about 20 minutes for a small sirloin and about 25-30 minutes for a large one. When the meat is done, remove it from the oven and let it rest for 5-10 minutes before cutting it. Then serve.

TARTAR DE TERNERA CON SOJA
BEEF TARTAR WITH SOY SAUCE

300g de ternera picada a mano
300g hand-milled veal

Aceite de oliva virgen extra
Extra virgin olive oil

10g de mostaza de Dijon
10g Dijon mustard

1 cebolla morada, finamente picada
1 red onion, finely chopped

10g de alcaparrón, picado
10g capers, chopped

1 huevo, solo la yema
1 egg, only the yolk

Agregamos a la carne picada el aceite, la mostaza, la cebolla, los alcaparrones, los pepinillos, las ramas de perejil, el tabasco, la salsa Worcestershire y la salsa de soja.

Servimos el tartar dando forma con un molde redondo y hacemos un huequito en el medio para colocar y sujetar la yema. Colocamos las tostaditas a un lado y está listo para consumir.

Tip: *Te recomendamos comer este tartar rápidamente, pues la carne cruda no durará mucho tiempo antes de volverse poco apta para el consumo. Lo puedes acompañar también de unas papas al horno o una ensalada de hojas verdes.*

Add the oil, mustard, onion, capers, pickles, parsley sprigs, tabasco, Worcestershire sauce and soy sauce to the minced meat. Mix well, add salt and pepper and leave to stand for 5 minutes.

Use a round mold to shape the tartar and make a small hole in the middle to place and hold the egg yolk. Place the toast to one side and it is ready to eat.

Tip: *We recommend you eat this tartar quickly, as the raw meat will not last long before it becomes unfit for consumption. You can also accompany it with some baked potatoes or a green salad.*

DATILES ENVUELTOS EN JAMON
DATES WRAPPED IN HAM

20 a 24 dátiles grandes, sin carozo
20 to 24 large dates, pitted

Aceite de oliva virgen extra
Extra virgin olive oil

400g de jamón serrano, loncheado grueso
400g Serrano ham, thickly sliced

100gramos de queso de cabra o queso azul
100g goat's cheese or blue cheese

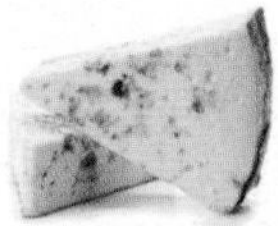

20 a 24 almendras tostadas
20 to 24 roasted almonds

Precalentamos el horno a 200 °C. Extendemos una lámina de papel de horno sobre una bandeja para hornear reservamos.

Abrimos los dátiles haciendo un corte lateral en cada uno. Introducimos los pulgares para abrir los dátiles ligeramente, retiramos las semillas en caso de que todavía estuvieran. Para rellenar los dátiles utilizamos una cuchara, introducimos una cucharada de queso en cada dátil. Con la parte posterior de la cuchara presionamos el queso dentro e introducimos una almendra en medio. Apretamos el dátil para cerrarlo. Cortamos las lonchas de jamón a la mitad, y envolvemos cada dátil con media tira. Aseguramos el extremo del jamón con un palillo de dientes. Acomodamos los dátiles envueltos en jamón en la bandeja de horno preparada, dejando un poco de espacio entre los ellos. Horneamos durante 15 minutos. Pasados 15 minutos, les damos la vuelta y continuamos horneando durante 15 o 20 minutos más, hasta que el jamón quede bien crujiente.

Transferimos los dátiles a una fuente con papel absorbente y escurrimos el exceso de grasa. Servimos los dátiles calientes o a temperatura ambiente.

Preheat the oven to 200 °C. Spread a sheet of baking paper on a baking tray and set aside.The Turkish pita, or pide, almost always has sesame or nigella seeds on it. Unlike other breads, it not "hollow", but rather has crumbs.

Open the dates by making a lateral cut in each one. Press your thumbs in to slightly open the dates, remove the seeds if they are still there. To fill the dates, using a spoon place a spoonful of cheese on each date. With the back of the spoon press the cheese inside and place an almond in the middle. Squeeze the date to close it. Cut the slices of ham in half and wrap each date with half a strip. Secure the end of the ham with a toothpick. Arrange the ham-wrapped dates on the prepared baking tray, leaving a little space between each one. Bake for 15 minutes. After 15 minutes, turn them over and continue baking for another 15 or 20 minutes, until the ham is crisp.

Transfer the dates to a dish with absorbent paper and drain the excess fat. Serve the dates hot or at room temperature.

BROCHETAS DE ALBONDIGAS CON CEBOLLA Y ZANAHORIA

MEATBALL SKEWERS WITH ONIONS AND CARROTS

500g de carne picada, de cerdo y ternera
500g of minced meat, pork and beef

Aceite para freír
Frying oil

50g de sobrasada desmigada
50g of crumbled sausage

50ml de leche
50ml of milk

60g de cebolla, finamente picada
60g onion, finely chopped

60g de pan rallado
60g of breadcrumbs

En un recipiente, combinamos la carne, los huevos, la cebolla, la zanahoria, la sobrasada, la leche, el perejil, el ajo y el pan; y los dejamos reposar durante 30 minutos para que los sabores se unifiquen.

En una sartén, calentamos suficiente cantidad de aceite para cubrir las albóndigas. Damos forma a las albóndigas y las enharinamos. Cuando el aceite alcance una temperatura de 180 °C, freímos las albóndigas dándoles la vuelta hasta que estén doradas por fuera y cocidas por dentro. Las colocamos sobre papel absorbente, montamos las brochetas y servimos inmediatamente.

In a bowl, combine the meat, eggs, onion, carrot, sausage, milk, parsley, garlic and bread and let them rest for 30 minutes so that the flavors combine.

In a frying pan, heat enough oil to cover the meatballs. Shape the meatballs and flour them. When the oil reaches a temperature of 180 °C, fry the meatballs by turning them over until they are golden on the outside and cooked on the inside. Place them on absorbent paper, arrange the skewers and serve immediately.

CHORIZOS A LA SIDRA
CHORIZO IN CIDER

1 kg de chorizo fresco
1 kg of fresh chorizo

250 ml de sidra de manzana natural
250 ml natural apple cider

500 g Patata cocida para acompañar (opcional)
500 g Cooked potato to accompany (optional)

Sacamos la cuerda a los chorizos y los colocamos en una cazuela profunda. Pinchamos los chorizos con la punta de un cuchillo para que no revienten y suelten parte del jugo durante la cocción. Vertimos por encima la sidra y ponemos a fuego alto.

Cuando empiece a hervir, subimos a fuego alto durante 5 minutos. Pasados 5 minutos bajamos el fuego y seguimos la cocción durante 15 o 20 minutos. El tiempo dependerá de la frescura, tamaño y calidad del chorizo. Cuando el alcohol se haya evaporado, se haya reducido el líquido y haya quedado una salsita en el fondo de la cazuela, retiramos del fuego. Servimos inmediatamente.

Take the cord off the sausages and place them in a deep pan. Prick the chorizos with the tip of a knife so that they do not burst and release some of the juice during cooking. Pour the cider over it and set it over a high heat.

When it starts to boil, let it go over a high heat for 5 minutes. After 5 minutes, lower the heat and continue cooking for 15 or 20 minutes. The cooking time will depend on the freshness, size and quality of the chorizo. When the alcohol has evaporated, the liquid has been reduced and a small sauce has been left at the bottom of the pot, remove from the heat. Serve immediately.

CARACOLES EN SALSA CON JAMON
SNAILS IN SAUCE WITH HAM

1kg de caracoles
1 kg of snails

1 cabeza de ajo y dos dientes
1 head of garlic and two cloves

150g de bacon picado
150g of chopped bacon

250g de carne picada cerdo y ternera
250g minced pork and beef

1l de caldo de pollo
1L of chicken broth

4 guindillas de cayena
4 cayenne pepper

Lavamos bien los caracoles uno a uno y los cocemos en una cacerola con agua y sal. En el momento que rompa a hervir, retiramos el agua y ponemos agua limpia. Repetimos el proceso hasta que el agua salga transparente. Ponemos a cocer los caracoles con una cebolla entera, una cabeza de ajo, las hojas de laurel, el perejil, dos guindillas de cayena y los pimientos choriceros. Dejamos cocer hasta que al probar un caracol esté tierno y salga bien de la cáscara.

En una cazuela con aceite, pochamos la cebolla picada. Cuando este blanda, agregamos el bacón, el jamón, la carne y las nueces. Doramos el conjunto durante 5-6 minutos. En el mortero, colocamos dos dientes de ajo, dos guindillas picadas y la carne de los pimientos choriceros que se han cocido antes. Agregamos el caldo de pollo y cocinamos a fuego bajo durante 15 minutos. Introducimos en la cazuela los caracoles cocidos y dejamos cocinar todo junto 20 minutos más. Servimos inmediatamente, muy caliente.

Wash the snails well one by one and cook them in a pan with water and salt. As soon as it comes to a boil, remove the water and replace it with clean water. Repeat the process until the water comes out clear. Cook the snails with a whole onion, a head of garlic, bay leaves, parsley, two cayenne pepper and the red pepper. Let it cook until the snail is tender and comes out easily from the shell.

In a casserole with oil, sauté the chopped onion. When it is soft, add the bacon, ham, meat and nuts. Brown the whole thing for 5-6 minutes. In the mortar, place two cloves of garlic, two chopped chilies and the flesh of the red peppers that were previously cooked. Add the chicken broth and cook over low heat for 15 minutes. Put the cooked snails in the casserole and let everything cook together for 20 more minutes. Serve immediately, very hot.

ROLLITOS DE PRIMAVERA CON POLLO
SPRING ROLLS WITH CHICKEN

8 hojas de pasta brick
8 sheets of brick pasta

100ml de salsa de soja
100ml soy sauce

2 zanahorias, cortadas en julianas
2 carrots, cut into julienne strips

200g de carne de pollo, picada
200 g chicken meat, minced

100ml de zumo de naranja
100 ml orange juice

1 cucharada sopera de miel
1 tablespoon of honey

Para la salsa agridulce, ponemos en un cazo 75 ml de salsa de soja, el zumo de naranja y la miel. Salpimentamos y dejamos que se reduzca hasta que tenga consistencia. Salpimentamos la carne de pollo y marinamos con los 25ml de salsa de soja restantes y la maicena. Salteamos en una sartén humeante el pollo con el ajo y agregamos la zanahoria y la col. Enfriamos.

Extendemos las hojas de pasta brick sobre una superficie lisa. Ponemos una porción de relleno en el centro de cada hoja, doblamos 2 de los lados hacia el centro y después los enrollamos en sentido contrario hasta formar unos cilindros (de manera que queden unos cilindros cerrados por los lados).

Freímos en una sartén con abundante aceite de oliva y escurrimos en papel absorbente. Para servir, colocaremos los rollitos en un plato junto a un cuenco con la salsa agridulce que hemos preparado.

For the sweet and sour sauce, put 75 ml of soy sauce, orange juice and honey in a saucepan. Season with salt and pepper and let it reduce until it has a thick consistency. Season the chicken and marinate with the remaining 25 ml of soy sauce and the cornstarch. Sauté the chicken with the garlic in a smoking hot pan and add the carrot and cabbage.

Spread the brick pasta sheets on a smooth surface. Put a portion of filling in the center of each sheet, fold 2 of the sides towards the center and then roll them up into cylinders (so that the sides are closed).

Fry in a pan with plenty of olive oil and drain on paper towels. To serve, place the rolls on a plate next to a bowl with the prepared sweet and sour sauce.

MONTADITO DE MORCILLA
BLACK SAUSAGE MONTADITO

4 morcillas de cebolla
4 blood sausages with onion

8 panecillos de tomate o a elección
8 tomato rolls or your choice

8 pimientos del piquillo
8 piquillo peppers

Aceite para freír
Frying oil

3 cucharadas soperas de harina
3 tablespoons of flour

En una sartén con un poco de aceite, doramos los pimientos del piquillo, vuelta y vuelta y reservamos. Cortamos la morcilla en rodajas de 1,5 cm, las enharinamos y freímos en aceite caliente hasta que esté crujiente. Para formar el montadito, usamos de base el pan tostado, luego colocamos el pimiento, y un trozo de morcilla.

In a frying pan with a little oil, brown the piquillo peppers, turn and reserve. Cut the blood sausage into 1.5 cm slices, flour and fry in hot oil until crispy. To form the "montadito", use the toast as a base, then place the peppers and a piece of blood sausage on top.

BERENJENAS RELLENAS
STUFFED EGGPLANTS

4 berenjenas grandes
4 large eggplants

250g de carne picada de cerdo o de cerdo y ternera
250 g minced pork or pork and beef

40g de harina de trigo
40g wheat flour

300ml de leche
300ml of milk

1 cebolla mediana picada finamente
1 medium onion, finely chopped

250g de queso rallado para gratinar
250 g grated cheese for gratin

Lavamos las berenjenas. y las cortamos por la mitad a lo largo, les damos unos cortes en diagonal, sin llegar a tocar la piel y las metemos unos 30 minutos en el horno ya precalentado a 200 °C.

Una vez estén asadas, les sacamos la pulpa con una cuchara y colocamos las barquetas resultantes en una fuente de horno. Troceamos la pulpa. Sofreímos la cebolla en una sartén grande con tres cucharadas de aceite. Cuando la cebolla empiece a dorarse, añadimos el ajo y la carne picada y rehogamos. Añadimos la pulpa de las berenjenas. Incorporamos la harina, removemos y sofreímos durante 10 minutos. Vertemos la leche y cocemos durante unos minutos hasta que tengamos una masa cremosa. Agregamos el tomate y sazonamos con nuez moscada, sal y pimienta. Rellenamos con esta mezcla las berenjenas, las cubrimos con el queso rallado y ponemos un trocito de mantequilla sobre cada una. Gratinamos en el horno hasta que el queso esté fundido y ligeramente dorado. Servimos.

Wash the eggplants and cut them in half lengthways and place them in the oven for 30 minutes, which has already been preheated to 200 °C.

Once they are roasted, remove the flesh with a spoon and place the remaining skins in an oven dish. Chop up the flesh. Fry the onion in a large pan with three spoonfuls of oil. When the onion begins to brown, add the garlic and minced meat and sauté. Add the flesh of the eggplants. Add the flour, stir and cook for 10 minutes. Pour in the milk and cook for a few minutes until you have a smooth dough. Add the tomato and season with nutmeg, salt and pepper. Stuff the eggplant skins with this mixture, cover them with grated cheese and put a piece of butter on each one. Bake in the oven until the cheese is melted and lightly browned. Serve.

CHAMPIÑONES RELLENOS
STUFFED MUSHROOMS

32 champiñones pequeños, solo los sombreritos
32 small mushrooms, just the caps.

30g de tocino o bacon picado
30g bacon or minced bacon

1 + ½ cucharadita de ajo picado
1 + ½ teaspoon minced

1 cucharada sopera de perejil picado
1 tablespoon of chopped parsley

2 huevos batidos
2 beaten eggs

2 cucharadas soperas de queso parmesano recién rallado
2 tablespoons of freshly grated Parmesan cheese

Calentamos el aceite de oliva en una sartén lo suficientemente grande como para que quepan todos los champiñones. Agregamos el ajo y después los champiñones, con el orificio hacia arriba. Los salteamos hasta que se doren ligeramente, durante unos dos minutos y los retiramos. En la sartén vacía, agregamos la cebolla y el tocino a la sartén y salteamos durante 5 minutos y añadimos el perejil; retiramos del fuego y dejamos enfriar. Agregamos los huevos batidos y los picatostes y mezclamos bien. Rellenamos los sombreros de los champiñones con la mezcla del tocino y coronamos con el queso rallado. Asamos a la parrilla o en el horno precalentado a 230 °C hasta que el queso esté dorado. Servimos inmediatamente.

Heat the olive oil in a pan large enough to hold all the mushrooms. Add the garlic and then the mushrooms, with the bottom opening facing up. Sauté until lightly browned, about two minutes, and remove. In the empty pan, add the onion and bacon and sauté for 5 minutes and then add the parsley; remove from the heat and let cool. Add the beaten eggs and croutons and mix well. Stuff the mushroom caps with the bacon mixture and top with the grated cheese. Grill or bake in a preheated oven at 230 °C until the cheese is golden. Serve immediately.

CHAMPINOÑES CON TOCINO Y ESPINACA
MUSHROOMS WITH BACON AND SPINACH

800g de champiñones portobello
800g of portobello mushrooms

125g de tocino o bacon cortado a dados
125g bacon or diced bacon

2 dientes de ajo, picados muy finos
2 cloves of garlic, finely chopped

300g de espinaca, limpia
300g of spinach, cleaned

Sal y pimienta
Salt and pepper

125ml de vino blanco seco
125ml of dry white wine

Precalentamos el horno a 180 °C. Separamos los tallos de los champiñones y reservamos ambas partes. En una sartén, calentamos el aceite a fuego alto. Añadimos el tocino y freímos durante tres minutos. Agregamos el ajo, los tallos picados de los champiñones, la guindilla y las espinacas, y removemos bien. Añadimos el vino, la sal y la pimienta, y cocinamos todo a fuego alto 5 minutos o hasta que el alcohol se haya evaporado. Rectificamos de sal y reservamos. En una bandeja para horno, extendemos los champiñones y los untamos con un poco de aceite. Los horneamos 5 minutos hasta que estén dorados. Para servir, los ponemos sobre un plato y los rellenamos con la mezcla de espinacas.

Preheat the oven to 180 °C. Remove the stems from the mushrooms and keep both parts. In a frying pan, heat the oil over high heat. Add the bacon and fry for three minutes. Add the garlic, chopped mushroom stems, chili and spinach and mix well. Add the wine, salt and pepper and cook over a high heat for 5 minutes or until the alcohol has evaporated. Adjust the salt to taste and set aside. In a baking tray, spread the mushrooms and brush them with a little oil. Bake for 5 minutes until golden. To serve, put them on a plate and fill them with the spinach mixture.

TOMATES RELLENOS DE CARNE Y ALBAHACA
TOMATOES STUFFED WITH MEAT AND BASIL

8 tomates medianos (tipo pera o en rama)
8 medium tomatoes

150g de migas de pan, secas y troceadas
150g breadcrumbs

300g de carne picada mixta
300g of ground beef

1 diente de ajo, troceado muy fino
1 garlic clove, finely chopped

Queso parmesano rallado
Queso parmesano rallado

100ml de leche
100 ml of milk

Comenzaremos preparando el relleno de carne para los tomates, para lo que remojaremos las migas de pan en leche durante unos minutos. Las escurrimos y las colocamos en un bol grande, al que añadimos la carne picada, el ajo, una pizca de pimienta blanca molida y otra de sal. Amasamos bien todo el conjunto, hasta tener una mezcla homogénea. Para los tomates, los lavamos y les cortamos la parte superior, que se llama pedúnculo. Si los tomates no tienen una base estable para que se mantengan de pie, hacemos un pequeño corte en horizontal para que puedan sostenerse debidamente. Con ayuda de una cucharilla y por la parte superior, vamos extrayendo su pulpa y semillas, que reservaremos para, una vez triturado, hacer una salsa que acompañará el plato. Luego de vaciar los tomates, los rellenamos cuidadosamente con la carne picada. Trituramos la pulpa que hemos extraído de los tomates y la ponemos a reducir en un cazo con una pizquita de sal, otra de azúcar, la albahaca y el aceite de oliva. Cocinamos durante unos 15-20 minutos, mientras precalentamos el horno a 180 °C. En un recipiente para horno, vertemos la salsa que hicimos con la pulpa del tomate y sobre ella vamos colocando los tomates rellenos. Horneamos durante 20 minutos, espolvoreamos el queso rallado y cocinamos durante 10 minutos más. Servimos caliente.

Start by preparing the meat filling for the tomatoes by soaking the bread crumbs in milk for a few minutes. Drain them and place them in a large bowl, and add the ground beef, garlic, a pinch of ground white pepper and a pinch of salt. Mix the whole thing well until it is evenly combined. For the tomatoes, wash them and cut off the top part, which is called the stalk. If the tomatoes do not have a stable base so that they can stand upright, make a small cut horizontally so that they can be held properly. With the help of a teaspoon remove the pulp and seeds from the top, which will be reserved for making a sauce to accompany the dish. After emptying the tomatoes, carefully stuff them with the ground beef. Crush the pulp that has been removed from the tomatoes and reduce it in a saucepan with a pinch of salt, sugar, basil and olive oil. Cook for about 15-20 minutes, while preheating the oven to 180 °C. Pour the sauce made with the tomato pulp into an oven dish and place the stuffed tomatoes on top. Bake for 20 minutes, sprinkle with grated cheese and cook for 10 minutes more. Serve hot.

CHAMPIÑONES RELLENOS DE JAMON Y QUESO AZUL
MUSHROOMS STUFFED WITH HAM AND BLUE CHEESE

12-16 champiñones grandes
12-16 large mushrooms

Aceite de oliva
Olive oil

3 lonchas de jamón serrano
3 slices of Serrano ham

90g de queso azul
90 g blue cheese

1 diente de ajo
1 garlic clove

40ml de leche
40 ml of milk

Limpiamos bien los champiñones y retiramos el tallo que cortaremos en trozos y reservaremos. Preparamos una fuente de horno untada con aceite de oliva y disponemos los champiñones aliñados con sal, pimienta negra y un poco de aceite. Los introducimos en el horno ya precalentado a 180 °C, en unos 10 minutos estarán listos; es recomendable darles la vuelta durante la cocción. En una sartén con unas gotas de aceite, sofreímos el jamón cortado en virutas hasta que esté crujiente, retiramos y reservamos. En la misma sartén con un poco más de aceite, doramos los tallos de los champiñones troceados que habíamos reservado y añadimos el ajo picado. Pasados unos minutos, sofreímos y agregamos el queso y la leche, dejamos fundir y reducir a fuego lento hasta que espese. Minutos antes de retirar del fuego añadimos las virutas de jamón reservando algunas para la decoración. Disponemos los champiñones para rellenar en una fuente de servicio y vertimos una cucharada del relleno en cada uno de ellos, terminamos colocando unas virutas de jamón crujiente y servimos bien caliente.

Clean the mushrooms well and remove the stem. Chop the mushrooms and put them aside. Prepare an oven dish smeared with olive oil and arrange the mushrooms with salt, black pepper and a little oil. Place them in the oven already preheated to 180 °C, for about 10 minutes; it is advisable to turn them over during cooking. In a frying pan with a little oil, fry the ham that has been cut into slices until it is crispy, remove and set aside. In the same frying pan with a little more oil, brown the stems of the chopped mushrooms that we had reserved and add the chopped garlic. After a few minutes, add the cheese and milk, let it melt and reduce over a low heat until it thickens. Just a few minutes before removing from the heat, add the ham slices, keeping a few for decoration. Arrange the mushrooms for stuffing in a serving dish and place a spoonful of the stuffing in each of them, finish by placing some crispy ham slices on top and serve piping hot.

TAPAS DE MARISCO Y PESCADO
SEAFOOD AND FISH TAPAS

MEJILLONES RELLENOS CON QUESO EMMENTAL
MUSSELS AU GRATIN WITH EMMENTAL CHEESE

½ kilo de mejillones frescos, perfectamente limpios
½ kilo of fresh mussels, perfectly clean

2 dientes de ajo picados
2 cloves of garlic, minced

3 cucharadas soperas de mantequilla
3 tablespoons of butter

250ml de vino blanco
250ml of white wine

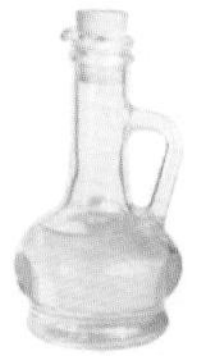

200g de queso Emmental rallado
200g grated Emmental cheese

1 cucharadita de sal y pimienta
1 teaspoon salt and pepper

En una cazuela, fundimos la mantequilla y doramos el puerro por 5 minutos. Agregamos el ajo y lo doramos también. Añadimos los mejillones limpios y salpimentamos. Mezclamos por unos minutos. Vertemos el vino blanco y cocinamos hasta que se haya reducido a una tercera parte. Agregamos la crema para batir y salpimentamos. Tapamos y cocinamos hasta que los mejillones se hayan abierto.

Precalentamos el horno a 180 °C. Separamos y descartamos las tapas de los mejillones. En una bandeja de horno, extendemos los mejillones y cubrimos la carne de cada mejillón con el queso. Gratinamos por unos minutos, hasta que el queso se haya fundido. Servimos. Podemos acompañar con rebanadas de pan.

In a pan, melt the butter and cook the leek for 5 minutes. Add the garlic and cook for 5 more minutes. Add the cleaned mussels and salt and pepper. Cook for a few minutes. Pour in the white wine and cook until it has reduced by a third. Add the whipping cream and salt and pepper. Cover and cook until the mussels have opened.

Preheat the oven to 180 °C. Separate and discard the covers from the mussels. In a baking tray, spread the mussels and cover the meat of each mussel with the cheese. Bake for a few minutes, until the cheese has melted. Serve. You can serve it with slices of bread.

CALAMARES A LA ROMANA
ROMAN STYLE SQUID

1kg de calamares frescos limpios, cortados en aros 6 mm de grosor
1kg of fresh clean squid, cut into rings 6 mm thick

Aceite para freír
Frying oil

200g de harina
200g of flour

2 huevos batidos
2 beaten eggs

¼ de limón
¼ lemon

En un bol, ponemos la harina, los huevos, la cerveza y mezclamos hasta conseguir una masa espesa. Cubrimos el bol con papel film asegurándonos de que el plástico esté en contacto con toda la superficie para que no quede aire que seque la masa. Reservamos en la nevera durante una hora.

En un cazo hondo calentamos el aceite entre 180 °C -200 °C Introducimos los aros de calamar en la masa y los vamos colocando cuidadosamente en el aceite caliente. Freímos solo un minuto. Secamos en papel absorbente y Servimos inmediatamente con un cuarto de limón al lado.

Tip: *Si se fríe durante más tiempo, el calamar suele volverse "gomoso". También es importante tener en cuenta que, cuanto más pequeño, más tierno será el calamar.*

In a bowl, place the flour, eggs, beer and mix until you get a thick dough. Cover the bowl with cling film, making sure the plastic is in contact with the entire surface so that no air is able to dry out the dough. Place in the fridge for one hour.

Heat the oil in a deep saucepan between 180 °C -200 °C. Dip the squid rings in the batter and carefully place them in the hot oil. Fry for only one minute. Dry on absorbent paper and serve immediately with a quarter of a lemon on the side.

Tip: *If you fry it for longer, the squid usually becomes "rubbery". It is also important to note that the smaller the squid, the more tender it will be.*

GAMBAS A LA PLANCHA
GRILLED SHRIMP

1kg de gambas gigantes, sin pelar
1kg of giant shrimp, unpeeled

125ml de aceite de oliva
125ml of olive oil

Mayonesa con ajo, para servir
Garlic mayonnaise, for serving

8 dientes de ajo cortados
8 cloves of chopped garlic

Perejil picado para decorar
Chopped parsley for decoration

En un recipiente pequeño, marinamos el ajo en 100 ml aceite de oliva durante al menos media hora. En una sartén grande, calentamos a fuego medio una cucharada de aceite. Una vez muy caliente, ponemos la mayor cantidad de gambas que podamos en una sola capa. Agregamos otra cucharadita de aceite de oliva por encima de cada una de las gambas y añadimos un poco del ajo. Cocinamos durante dos minutos. Volteamos las gambas, ponemos otro poquito del aceite por encima y cocinamos dos minutos más. Flambeamos con el coñac y retiramos del fuego. Es importante no excedernos con el tiempo, pues las gambas se quedarían pastosas.

Secamos la sartén con un papel de cocina y repetimos el proceso, hasta preparar todas las gambas. Espolvoreamos por encima un poco de perejil picado y sal gruesa y las servimos con la mayonesa de ajo.

In a small bowl, marinate the garlic in 100 ml olive oil for at least half an hour. In a large frying pan, heat a tablespoon of oil over medium heat. Once it is very hot, put as many prawns as possible in a single layer. Add another teaspoon of olive oil over each of the prawns and add some of the garlic. Cook for two minutes. Turn the prawns over, put another little bit of oil on top and cook for two more minutes. Flambé with the cognac and remove from the heat. It is important not to overdo it, as the prawns will become sticky.

Dry the pan with a paper towel and repeat the process until all the prawns are ready. Sprinkle some chopped parsley and coarse salt on top and serve with the garlic mayonnaise.married life.

GAMBAS AL AJILLO
GARLIC SHRIMP

1kg de gambas peladas
1kg of shrimps, peeled

300ml de aceite de oliva virgen extra
300ml of extra virgin olive oil

4 guindillas rojas, sin semillas y picadas
4 red chili peppers, seeded and chopped

8 dientes de ajo, picados muy finos
8 cloves of garlic, finely chopped

Sal gruesa (al gusto)
Coarse salt (to taste)

Repartimos las guindillas y los ajos en una cazuela de barro grande.

Agregamos la suficiente cantidad de aceite como para cubrir las gambas, que se añadirán después. Colocamos desde frío el ajo en el aceite en cada cazuelita y calentamos el aceite a temperatura alta, hasta que el ajo se dore. Añadimos las gambas y las guindillas y retiramos del fuego al cabo de un minuto. Esparcimos la sal gorda por encima. Servimos inmediatamente.

Spread the chilies and garlic in a large clay pot.

Add enough oil to cover the prawns, which will be added later. Place the garlic in cold oil and heat the oil at a high temperature until the garlic browns. Add the prawns and the chilis and remove from the heat after a minute. Sprinkle the coarse salt over the top. Serve immediately.

BOQUERONES FRITOS
FRIED ANCHOVIES

500g de boquerones
500g of anchovies

500ml de aceite para freír
500ml frying oil

El zumo de ½ limón
Juice of ½ lemon

60g de harina de maíz
60g corn flour

250g de harina de trigo
250g wheat flour

250ml de agua fría
250ml of cold water

En un recipiente, mezclamos el agua, 200 g harina de trigo y la harina de maíz hasta crear una masa uniforme y fina (al sumergir un dedo en la pasta, ésta deberá escurrirse, dejando solamente una capa fina en el dedo). Agregamos la sal, el zumo de limón y la yema de huevo. Tapamos y refrigeramos la masa durante unos 15 minutos.

Vertemos el aceite en una sartén honda, cubriendo unos 7 cm, y lo calentamos a 200 °C. Enharinamos los boquerones con la harina restante y los pasamos por la masa para rebozar. Freímos hasta que se doren por las dos caras y los secamos sobre papel absorbente. Servimos inmediatamente.

In a bowl, mix the water, 200 g wheat flour and corn flour until a uniform and thin dough is formed (when a finger is dipped in the dough, it should be runny, leaving only a thin layer on the finger). Add salt, lemon juice and egg yolk. Cover and refrigerate the dough for about 15 minutes.

Pour the oil into a deep frying pan, covering about 7 cm, and heat to 200 °C. Dredge the anchovies with the remaining flour and dip them in the batter. Fry them until they are golden on both sides and dry them on absorbent paper. Serve immediately.

LOMOS DE ATUN FRITO CON SESAMO NEGRO
TUNA STEAK FRIED WITH BLACK SESAME

4 lomos de atún
4 tuna steak

450g de arroz basmati, cocinado
450g basmati rice, cooked

4 cucharadas de aceite de oliva virgen extra
4 tablespoons of extra virgin olive oil

Salsa de soja
Soy sauce

2 cucharadas de semillas de sésamo negro
2 tablespoons of black sesame seeds

1 clara de huevo, batida
1 egg white, beaten

Colocamos los lomos de atún en un plato, lo rociamos con 4 cucharadas de salsa de soja y los dejamos marinar una hora en la nevera. Bañamos los lomos en la clara de huevo batida y los rebozamos con los dos tipos de sésamo mezclados.

Calentamos la plancha y la untamos con 1 cucharada de aceite. Cocinamos las rodajas de pescado 2 minutos por cada lado. Servimos el pescado junto con el arroz y rociamos con un poco de salsa de soja.

Place the tuna steak on a plate, sprinkle with 4 tablespoons of soy sauce and let them marinate for an hour in the refrigerator. Place the steaks in the beaten egg white and then coat them with the two types of sesame mixed together.

Heat the griddle and brush it with 1 tablespoon of oil. Cook the fish slices for 2 minutes on each side. Serve the fish with the rice and sprinkle with a little soy sauce.

MEJILLONES EN SALSA PICANTE DE TOMATE
MUSSELS IN SPICY TOMATO SAUCE

1kg de mejillones, perfectamente limpios
1kg of mussels, completely clean

7 cucharadas soperas de aceite de oliva virgen extra
7 tablespoons of extra virgin olive oil

500g de tomate natural triturado
500g of crushed fresh tomatoes

1 cucharada sopera de jengibre, pelado y picado muy fino
1 tablespoon of ginger, peeled and finely chopped

1 cucharada sopera de salsa de guindillas
1 tablespoon of chili sauce

300ml de vino blanco seco
300ml of dry white wine

En una cazuela lo suficientemente grande como para que quepan todos los ingredientes, calentamos el aceite a fuego medio. Salteamos la cebolla, el ajo y el jengibre durante 3-4 minutos. Agregamos los tomates, la salsa de guindillas y el vino. Salamos al gusto y guisamos a fuego lento durante unos 10 minutos. Añadimos las hojas de cilantro y los mejillones. Subimos la temperatura del fuego, tapamos la cazuela y dejamos cocinar entre 6 y 10 minutos. Cuando los mejillones se abran, retiramos la cazuela del fuego. Sacamos los mejillones y los repartimos en cuatro cazuelitas. Tiramos los mejillones que no se hayan abierto.

Vertemos la salsa por encima de los mejillones. Decoramos con unas ramitas de cilantro y servimos. Podemos acompañar con pan para mojar en la salsa.

In a pan large enough to hold all the ingredients, heat the oil over medium heat. Sauté the onion, garlic and ginger for 3-4 minutes. Add the tomatoes, chili sauce and wine. Salt to taste and simmer for about 10 minutes. Add the coriander leaves and the mussels. Turn up the heat, cover the pan and leave to cook for 6-10 minutes. When the mussels open, remove the pan from the heat. Take out the mussels and distribute them into four small casseroles. Throw away the mussels that have not opened.

Pour the sauce over the mussels. Decorate with a few sprigs of coriander and serve. You can serve it with bread to dip in the sauce.

SARDINAS EN ESCABECHE PICANTE
SPICY PICKLED SARDINES

1kg de sardinas frescas, limpias y sin cabeza
1kg of fresh sardines, clean and headless

1L de aceite de oliva virgen extra
1L of extra virgin olive oil

300g de harina, sazonada con sal y una pizca de pimentón
300g flour, seasoned with salt and a pinch of paprika

2 cebollas grandes, cortadas en rodajas
2 large onions, sliced

750ml de vinagre de vino tinto
750ml red wine vinegar

1-2 cucharadas de salsa de guindillas
1-2 tablespoons chili sauce

En una sartén, ponemos suficiente aceite para cubrir el fondo, y calentarlo a fuego medio. Enharinamos el pescado y lo sacudimos para eliminar el exceso de rebozado. Doramos el pesado por las dos caras, sin freírlo demasiado y lo colocamos sobre papel absorbente.
Para el escabeche: Calentamos el aceite en una cacerola (que no sea de aluminio). Sin que alcance una temperatura demasiado alta, sofreímos la cebolla, el ajo y el jengibre durante 5 minutos. Agregamos el concentrado de tomate, el vinagre, el laurel, la salsa de guindillas y el cilantro.

Sazonamos al gusto y guisamos a fuego lento durante 30 minutos. Mientras tanto, colocamos las sardinas en una cazuela de barro. Vertemos la marinada por encima, cubriéndolo todo. Dejamos enfriar, y tapamos. Refrigeramos durante 4 días antes de servirlas. En ese tiempo, las espinas de las sardinas se ablandarán del todo. Servir bien frío.
Requiere al menos 4 días de reposo antes de servir.

In a frying pan, put enough oil to cover the bottom, and heat it over medium heat. Flour the fish and shake it to remove the excess. Brown the fish on both sides, without frying it too much, and place it on absorbent paper.
For the marinade: Heat the oil in a saucepan (not aluminum). Without it reaching too high a temperature, fry the onion, garlic and ginger for 5 minutes. Add the tomato paste, vinegar, bay leaf, chili sauce and coriander.

Season to taste and simmer for 30 minutes. Meanwhile, place the sardines in an earthenware dish. Pour the marinade over it, covering everything. Leave to cool, and cover. Refrigerate for 4 days before serving. In that time, the sardine bones will soften completely. Serve well chilled.
Requires at least 4 days of rest before serving.

PLATO VARIADO DE OSTRAS
ASSORTED OYSTER DISH

36 ostras en su medio caparazón
36 oysters in their half shell

Aceite de oliva virgen extra
Extra virgin olive oil

3 cucharaditas de caviar rojo y 3 de caviar negro
3 teaspoons of red caviar and 3 teaspoons of black caviar

40g de queso parmesano, rallado
40g Parmesan cheese, grated

3 cucharadas de salsa Worcestershire
3 tablespoons Worcestershire sauce

1 cucharada sopera de taquitos de bacon
1 tablespoon of bacon bits

Precalentamos el horno a 200 °C. Colocamos 18 ostras en una bandeja grande. Dividimos visualmente la bandeja en tres grupos. En el primer grupo de seis ostras agregamos media cucharadita de caviar rojo y media de caviar negro. En el segundo vertemos el cóctel de tomate. Sobre el tercero exprimimos la lima, sazonando con pimienta.

En una cacerola, mezclamos la mitad de la bechamel con la mitad del queso cheddar. Calentamos a fuego lento, removiendo ocasionalmente, hasta que el queso esté bien fundido y mezclado con la salsa. En otra bandeja para el horno, colocamos las 18 ostras restantes y dividimos visualmente en tres grupos. Con una cuchara, vertimos sobre el primer grupo de seis ostras, la salsa de bechamel y cheddar y las espolvoreamos con el parmesano rallado. En otra cacerola, escaldamos las espinacas en agua hirviendo, las retiramos y escurrimos bien. En una sartén, mezclamos las espinacas con el resto de la bechamel y el queso cheddar. Calentamos a fuego lento, removiendo de vez en cuando, hasta que el queso esté fundido. Repartimos la salsa sobre el segundo grupo de seis ostras. Para el tercer grupo, colocaremos los taquitos de bacon por encima y verteremos unas gotas de la salsa Worcestershire.

Con la función de grill activada, horneamos la segunda bandeja de ostras hasta que las salsas empiecen a dorarse y a burbujear. Para servir colocamos todas las ostras en una misma fuente y agregamos las rodajas de limón.

Preheat the oven to 200 °C. Place 18 oysters on a large tray. Visually divide the tray into three groups. In the first group of six oysters add half a teaspoon of red caviar and half a teaspoon of black caviar. In the second group pour the tomato sauce. On the third one squeeze the lime, seasoning with pepper.

In a saucepan, combine half of the béchamel sauce with half of the cheddar cheese. Heat over low heat, stirring occasionally, until the cheese is well melted and thoroughly combined with the sauce. In another oven tray, place the remaining 18 oysters and visually divide them into three groups. With a spoon, pour the béchamel and cheddar sauce over the first group of six oysters and sprinkle them with grated parmesan. In another pot, blanch the spinach in boiling water, remove it and drain well. In a pan, mix the spinach with the rest of the béchamel and cheddar cheese. Heat over low heat, stirring occasionally, until the cheese is melted. Spread the sauce over the second group of six oysters. For the third group, place the bacon bits on top and add a few drops of Worcestershire sauce.

Using the broiler function, bake the second tray of oysters until the sauce starts to brown and bubble. To serve, place all the oysters in the same dish and add the lemon slices.

BACALAO MARINADO CON ALIÑO DE ANCHOAS
MARINATED COD WITH ANCHOVY DRESSING

500g de bacalao fresco, limpio
500g fresh cod, cleaned

500g de sal gorda
500g of coarse salt

2 ramas de perejil fresco picado
2 sprigs of fresh chopped

Para el aliño: *For the dressing:*

6 anchoas cortadas en trozos
6 anchovies cut into pieces

4 dientes de ajo picados finamente
4 cloves of garlic, finely chopped

Aceite de oliva virgen extra
Extra virgin olive oil

Limpiamos bien el bacalao y le quitamos todas las espinas.

En un cuenco, mezclamos la sal con el azúcar y el perejil picado. Reservamos. En una fuente, colocamos el bacalao y lo abrimos como si fuera un libro con la piel hacia abajo. Cubrimos el bacalao con la mezcla anterior y lo cerramos de nuevo, repetimos el proceso haciendo capas.

Tapamos con papel de aluminio y ponemos encima un objeto pesado. Llevamos el pesado a la nevera y lo dejamos durante unas 24 horas. Eliminamos el líquido que haya soltando, le damos la vuelta al pescado. Volvemos a cubrir con papel de aluminio y a poner el objeto pesado encima. Llevamos a la nevera durante otras 12 horas.

Tras ese tiempo, lavamos bien el bacalao para eliminar todo resto de sal o azúcar que le quede y lo secamos con papel de cocina.

Preparamos el aliño poniendo en un cuenco la cebolla, los dientes de ajo, el perejil y las anchoas cortadas. Lo regamos todo con una cantidad generosa de aceite de oliva virgen extra y lo mezclamos bien.

Ponemos el bacalao en una fuente y lo cubrimos con el aliño. Llevamos a la nevera durante un par de horas más para que se impregne de todos los sabores.

Antes de servir el bacalao fresco marinado con aliño de anchoas, lo sacamos de la nevera para que se atempere. Servir a temperatura ambiente.

Requiere al menos 36 horas de reposo.

Clean the cod well and remove all the bones.

In a bowl, mix the salt with the sugar and chopped parsley. Set aside. In a dish, place the cod and cut it open as if it were a book with the skin down. Cover the cod with the mixture and close it again.

Cover with aluminum foil and place a heavy object on top. Place the fish in the fridge and let it stand for about 24 hours. Remove any liquid that has been released, and turn the fish over. Cover it again with aluminium foil and put the heavy object on top. Place in the refrigerator for another 12 hours.

After this time, wash the cod well to remove any remaining salt or sugar and dry it with paper towels.

Prepare the dressing by placing the onion, garlic cloves, parsley and chopped anchovies in a bowl. Drizzle everything with a generous amount of extra virgin olive oil and mix well.

Put the cod in a bowl and cover it with the dressing. Place in the fridge for a couple of hours to soak up all the flavors.

Before serving, remove the fresh cod marinated with anchovy dressing from the fridge to temper it. Serve at room temperature.

Requires at least 36 hours of rest.

PINCHO DE ARENQUE CON CIRUELAS Y PEPINILLOS
HERRING SKEWER WITH PLUMS AND PICKLES

8 arenques, salados
8 herring, salted

3 cucharadas soperas de aceite de oliva virgen extra
3 tablespoons of extra virgin olive oil

2 cucharaditas de pimentón de la vera
2 teaspoons of paprika

Zumo de ¼ limón
Juice from ¼ lemon

8 pepinillos, cortados en cuatro tajadas largas
8 pickles, cut into four long slices

1 barra de pan de cereales, cortada a rodajas y tostadas
1 loaf of wheat bread, sliced and toasted

Para este pincho, primero desalamos el arenque con la leche caliente, sin que llegue a hervir y los dejamos en remojo durante 3 horas.

Una vez desalado, lo cortamos a lo largo en cuatro filetes. Ponemos en un bol el aceite, el pimentón, el zumo de limón y una pizca de pimienta y preparamos una vinagreta (sin emulsionar) y reservamos.

Para servir, empezamos cada brocheta una ciruela. Pinchamos un filete de arenque formando una espiral. Introducimos una rebanada de pepinillo en el centro de la espiral y cerramos con una ciruela. Ponemos este pincho sobre el pan tostado y añadimos el eneldo de forma decorativa. Acompañamos con la salsa de rábano picante y agregamos una cucharadita de la vinagreta que preparamos.

For this skewer, first desalinate the herring with the hot (but not boiling) milk and leave it to soak for 3 hours. Once desalted, cut the herring lengthwise into four fillets. Place the oil, paprika, lemon juice and a pinch of pepper in a bowl and to make a vinaigrette (without emulsifying) and set aside.

To serve, start each skewer with a plum. Skewer a herring fillet in a spiral. Place a slice of gherkin in the center of the spiral and close with another plum. Place this skewer on the toast and add the dill in a decorative fashion. Serve with the horseradish sauce and add a teaspoon of the prepared vinaigrette.

ALMEJAS A LA MARINERA
CLAMS A LA MARINERA

600g de almejas
600g of clams

3 cucharadas de aceite de oliva virgen extra
3 tablespoons of extra virgin olive oil

½ cebolla mediana, finamente picada
½ medium onion, finely chopped

10g de pimentón dulce
10g sweet paprika

½ guindilla finalmente picada
½ chili finely chopped

100ml de vino de Jerez
100ml of Sherry wine

Ponemos las almejas en una cacerola con abundante agua y una cuchara de sal gorda. Dejamos en remojo durante media hora. Pasada media hora, cambiamos el agua y repetimos el proceso hasta completar 2 horas para que las almejas suelten la arena que puedan tener.

Abrimos al vapor las almejas, poniéndolas en una cazuela con un vaso de agua, una cucharadita de sal gruesa y una hoja de laurel. Según se vayan abriendo, retiramos las almejas y las reservamos.

Para el sofrito, en una sartén ponemos la cebolla, la guindilla y el ajo y pochamos en aceite de oliva a fuego lento hasta que prácticamente se deshagan. Añadimos el pimentón y la harina y removemos rápidamente haciendo una pasta o roux. Incorporamos el vino de Jerez y removemos hasta que se evapore el alcohol.

Añadimos el tomate y dejamos cocinar. Añadimos el agua de haber abierto las almejas que habremos colado previamente. Probamos y rectificamos de sal. Dejamos que se reduzca durante unos 5 minutos y metemos en la sartén las almejas que teníamos abiertas y reservadas. Dejamos otros 3 o 4 minutos hasta que la salsa alcance el punto de espesor que nos guste y apagamos el fuego.

Place the clams in a pan with plenty of water and a tablespoon of coarse salt. Let them soak for half an hour. After half an hour, replace the water and repeat the process until the clams release any sand they may have.

Steam the clams, putting them in a pan with a glass of water, a teaspoon of coarse salt and a bay leaf. As they open, remove the clams and set them aside.

For the sauce, place the onion, chili and garlic in a frying pan and sauté in olive oil over a low heat until they are almost cooked. Add the paprika and flour and stir quickly to make a paste or roux. Add the sherry and stir until the alcohol evaporates.

Add the tomato and let it cook. Add the water from opening the clams that have been strained previously. Taste and adjust the salt. Let it reduce for about 5 minutes and place the clams that we had opened and reserved in the pan. Cook for another 3 or 4 minutes until the sauce reaches the desired thickness and turn off the heat.

PULPO A FEIRA
OCTOPUS ALLA FEIRA

2kg de pulpo
2kg of octopus

5 cucharadas soperas de aceite de oliva virgen extra
5 tablespoons of extra virgin olive oil

1kg de patatas, lavadas
1kg of potatoes, washed

3 cucharaditas de pimentón dulce o picante
3 teaspoons sweet or hot paprika

Sal Maldon (al gusto)
Maldon Salt (to taste)

Agua
Water

CCalentamos abundante agua en una cazuela grande. Cuando el agua rompa a hervir, asustamos el pulpo, esto es, lo sujetamos de la cabeza y lo sumergimos 3 veces. De esta manera conseguiremos que quede rígido y no se le caiga la piel durante la cocción. Introducimos el pulpo en esta agua y lo dejamos hervir allí durante 40 minutos. Dejamos que repose durante 4 minutos. Pasados los 4 minutos, escurrimos y reservamos.

Cocemos la patata entera y con piel. Una vez cocida, la pelamos y rebanamos en rodajas. Cortamos el pulpo en trozos de 1-2 cm con unas tijeras de cocina. Ponemos el pulpo y las patatas en platos de madera. Regamos con de aceite de oliva, espolvoreamos pimentón y sazonamos con la sal Maldon. Servimos caliente.

Heat a large amount of water in a large pot. When the water begins to boil, "scare" the octopus, that is to say, hold it by the head and submerge it three times. In this way the octopus will be stiff and the skin will not fall off during cooking. Place the octopus in the water and let it boil for 40 minutes. Let it rest for 4 minutes. After 4 minutes, strain and set aside.

Cook the potato whole and with skin. Once cooked, skin it and slice it. Cut the octopus in 1-2 cm pieces with a pair of kitchen scissors. Arrange the octopus and potatoes on wooden plates. Drizzle with olive oil, sprinkle with paprika and season with Maldon salt. Serve hot.

RILLETTE DE SALMON FRESCO Y AHUMADO
FRESH AND SMOKED SALMON RILLETTE

250g de salmón fresco
250g fresh salmon

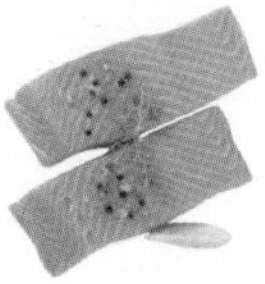

150g de salmón ahumado
150g smoked salmon

2 cucharadas de zumo de lima
2 tablespoons of lime juice

Una yema de huevo
One egg yolk

Sal y pimienta
Salt and pepper

15 gramos de mostaza de Dijon
15g Dijon mustard

Para la mayonesa de curri

Con la licuadora de mano mezclamos la yema, la mostaza, el curri y una cucharada de zumo de lima. Poco a poco agregamos el aceite de girasol para montar la mayonesa. Añadimos la sal y la pimienta y reservamos.

Para la rillette

Precalentamos el horno a 130 °C. Cortamos el salmón ahumado en dados de 1 cm cada lado. En una bandeja, ponemos el aceite de oliva y el salmón fresco con la piel hacia abajo. Horneamos durante 10 minutos. Sacamos del horno y le rociamos la otra cucharada de zumo de lima. Dejamos enfriar. Una vez frío, desmenuzamos el salmón con las manos.

Acabado y presentación

En un bol, colocamos la mayonesa de curri, el salmón ahumado, el salmón cocido, el eneldo picado y mezclamos todo con delicadeza. Rectificamos de sal y pimienta y servimos la rillette en pequeños tarros de aperitivo. Una sugerencia de presentación sería untarla en unas pequeñas tostas de pan con una pizca de aceite de oliva.

For the curry mayonnaise:

With a hand-held blender blend the egg yolk, mustard, curry and a spoonful of lime juice. Little by little add the sunflower oil to emulsify the mayonnaise. Add salt and pepper and set aside.

For the rillette:

Preheat the oven to 130 °C. Cut the smoked salmon into cubes of 1 cm width. Place the olive oil and fresh salmon on a tray with the skin side down. Bake for 10 minutes. Remove from the oven and add the other spoonful of lime juice. Let it cool down. Once cold, crumble the salmon with your hands.

Finishing and presentation:

In a bowl, place the curry mayonnaise, the smoked salmon, the cooked salmon, the chopped dill and mix everything delicately. Add salt and pepper and serve the rillette in small appetizer cups. A suggestion of presentation would be to spread it on some small bread toasts with a drizzle of olive oil.

TOSTA VERDE CON PERAS Y ANCHOAS
TOSTA VERDE WITH PEARS AND ANCHOVIES

4 rebanadas de pan de hogaza
4 slices of loaf bread

50g de espinacas baby, frescas
50g baby spinach, fresh

12 filetes de anchoa
12 anchovy fillets

Para el pesto *For pesto:*

50g de parmesano rallado
50g grated Parmesan

100 ml de aceite de oliva
100 ml of olive oil

50g de piñones
50g of pine nuts

Tostamos las rebanadas de pan. Para el pesto trituramos con la licuadora de mano los piñones, el parmesano y la albahaca. Añadimos poco a poco el aceite de oliva y seguimos triturando otros 30 segundos, reservamos. Laminamos finamente las peras con la ayuda de una mandolina. Escamamos el queso Idiazábal con ayuda de un pelador y reservamos.

Para la presentación, sobre cada rebanada de pan extendemos en orden un poco de pesto de albahaca, las hojas de espinaca, las anchoas, las láminas de pera y las escamas de Idiazábal. Rematamos con una cucharadita de aceite de oliva sobre cada tostada.

Toast the slices of bread. For the pesto, use a hand blender to chop up the pine nuts, parmesan and basil. Gradually add the olive oil and continue to blend for another 30 seconds, then set aside. Thinly slice the pears with the help of a mandolin. Slice the Idiazabal cheese with a peeler and set aside.

For the presentation, on each slice of bread spread a little basil pesto, spinach leaves, anchovies, pear slices and Idiazabal slices. Finish off with a teaspoon of olive oil on each toast.

CALAMARES A LA ANDALUZA
ANDALUSIAN-STYLE SQUID

500g de calamares, cortados en aros
500g of squid, cut into rings

Aceite de oliva virgen extra
Extra virgin olive oil

50g de mayonesa
50g of mayonnaise

1 limón, cortado en 4
1 lemon, cut in 4

100g harina de trigo
100g wheat flour

Ponemos las harinas en un bol y las sazonamos. Introducimos los anillos de calamar y los enharinamos. Quitamos el exceso de harina con un colador.

En una olla con aceite aliente, freímos los aros y cuando estén crujientes, los sacamos y los ponemos a escurrir en papel absorbente. Servimos con la mayonesa y un cuarto de limón al lado.

Place the flours in a bowl and season with salt. Dip the squid rings in and coat them with flour. Remove the excess flour with a sieve.

In a pot with oil, fry the rings and when they are crunchy, take them out and drain them on absorbent paper. Serve with mayonnaise and a quarter of a lemon on the side.

PIMIENTOS RELLENOS DE FRUTOS DE MAR

SEAFOOD STUFFED PEPPERS

6 pimientos rojos
6 red peppers

150g de tomate picado natural
150g of chopped fresh tomatoes

12 mejillones cocinados y cortados
12 cooked and cut mussels

1 cebolla mediana, picada
1 medium onion, chopped

60g de arroz blanco hervido
60g boiled white rice

3 guindillas frescas picadas, sin semillas
3 fresh chili peppers, chopped, seeded

Precalentamos el horno a 200 °C. Untamos los pimientos con un poco de aceite de oliva, colocamos en una bandeja de horno y los asamos durante 15 minutos. Los cortamos a lo ancho, justo por debajo del tallo, y reservamos la parte superior. Retiramos las semillas.

Calentamos dos cucharadas soperas de aceite de oliva en una sartén, a fuego medio. Salteamos la cebolla y el ajo, hasta que queden transparentes. Añadimos el tomate y las guindillas, y seguimos cocinando hasta que se reduzca a una salsa suave. Agregamos los mejillones, las almejas y el perejil. Salpimentamos al gusto. Los retiramos del fuego y añadimos el arroz. Precalentamos el horno a 190 °C.

Rellenamos los pimientos, teniendo en cuenta que el arroz seguirá creciendo. Agregamos una capa de queso parmesano. Los colocamos en una bandeja para el horno y los untamos con un poco de aceite de oliva. Los asamos durante unos 10-15 minutos, hasta que el queso esté dorado. Servimos inmediatamente.

Preheat the oven to 200 °C. Brush the peppers with a little olive oil, place them on a baking tray and roast them for 15 minutes. Cut them wide, just below the stem, and leave the top part aside. Remove the seeds.

Heat two tablespoons of olive oil in a frying pan over medium heat. Sauté the onion and garlic until transparent. Add the tomato and chili peppers, and continue cooking until reduced to a mild sauce. Add the mussels, clams and parsley. Add salt and pepper to taste. Remove them from the heat and add the rice. Preheat the oven to 190 °C.

Stuff the peppers, keeping in mind that the rice will continue to increase in size. Add a layer of parmesan cheese. Place them on an oven tray and drizzle a little olive oil over them. Roast them for about 10-15 minutes, until the cheese is golden. Serve immediately.

ALMEJAS PICANTES CON CALDO DE SETAS
SPICY CLAMS WITH MUSHROOM BROTH

3 docenas de almejas
3 dozen clams

120g de caldo de setas
120g of mushroom soup

½ cucharadita de salsa Harissa
½ teaspoon of Harissa sauce

Sal
Salt

2 dientes de ajo, picados
2 cloves garlic, minced

Cilantro fresco
Fresh coriander

Ponemos las almejas en una cacerola con abundante agua y una cuchara de sal gorda. Dejamos en remojo durante media hora. Pasada media hora, cambiamos el agua y repetimos el proceso hasta completar 2 horas para que las almejas suelten la arena que puedan tener. Las escurrimos y reservamos. Ponemos a calentar dos cucharaditas de aceite en una sartén grande a fuego medio. Cuando esté caliente incorporamos los ajos y dejamos que tomen color y desprendan su sabor. Añadimos entonces el caldo de setas y la salsa Harissa y mezclamos hasta que ésta se disuelva. Cuando la mezcla rompa a hervir, incorporamos las almejas sin que se monten unas sobre de otras, dejamos cocer a fuego alto y vamos retirando las almejas que se vayan abriendo.

Cuando hayamos retirado todas las almejas, dejamos reducir a la mitad el caldo, a fuego medio. Reincorporamos las almejas a la salsa y repartimos el cilantro picado. Podemos servir inmediatamente o también frio.

Place the clams in a pan with plenty of water and a tablespoon of coarse salt. Let them soak for half an hour. After half an hour, replace the water and repeat the process at least four times, until the clams release any sand they may have. Strain them and set them aside. Heat two teaspoons of oil in a large frying pan over medium heat. When it is hot, add the garlic and let brown. Then add the mushroom broth and the Harissa sauce and mix until it completely incorporates. When the mixture comes to the boil, add the clams without overlapping them, let them cook over a high heat and remove any clams that open up.

When all the clams have been removed, reduce the broth by half over a medium heat. Return the clams to the sauce and distribute the chopped coriander. Can be served immediately or also cold.

BROCHETA DE SALMON Y PIÑA
SALMON AND PINEAPPLE KEBAB

500g de salmón, cortado en dados de 2 cm
500g salmon, cut into 2 cm cubes

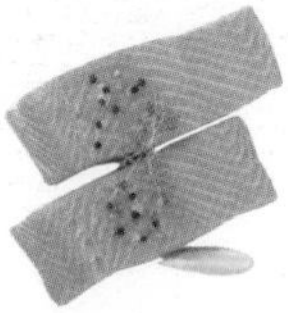

1 piña, pelada y cortada en dados de 2 cm
1 pineapple, peeled and cut into 2 cm cubes

Sal y pimienta
Salt and pepper

Brochetas metálicas o pinchos de madera
Metal skewers or wooden skewers

Semillas de sésamo
Sesame seeds

2 cucharadas de aceite de oliva
2 tablespoons of olive oil

Salpimentamos los dados de salmón, y empezamos a montar las brochetas alternando piña y salmón hasta completar la brocheta.

Colocamos en el fuego una plancha o sartén plana con una cucharada sopera de aceite. Cuando esta esté muy caliente, ponemos las brochetas y las dejamos hasta que el salmón se dore.

Para finalizar el plato, esparciremos sobre cada brocheta unas semillas de sésamo.

Season the salmon cubes with salt and pepper, and begin to assemble the skewers alternating pineapple and salmon until the skewer is complete.

Place a griddle or frying pan with a tablespoon of oil on the heat. When it is very hot, add the skewers and cook them until the salmon is golden brown.

To finish the dish, sprinkle some sesame seeds on each skewer.

SALSAS
SAUCES

SALSA DE GUINDILLAS
CHILI SAUCE

500g de guindillas rojas
500g red chili peppers

750ml de agua
750ml water

1 cucharada sopera de vinagre de vino blanco
1 tablespoon of white wine

1 cucharadita de azúcar lustre
1 teaspoon of icing sugar

2 cucharadas soperas de aceite de cacahuete
2 tablespoons of peanut oil

Quitamos los tallos y las semillas de las guindillas. Vertemos 625ml de agua en una cacerola a fuego medio y añadimos las guindillas. Las dejamos hervir a fuego medio y las tapamos. Bajamos la temperatura, cocemos a fuego lento unos 15 minutos hasta que se ablanden y escurrimos. Cuando se hayan enfriado un poco, ponemos las guindillas en una licuadora de mano y las trituramos. Añadimos el vinagre, el azúcar, el aceite de cacahuete y 125ml de agua, y batimos todo. Repartimos la salsa en recipientes esterilizados, los cerramos herméticamente y los guardamos en el refrigerador durante al menos un mes.

Remove the stems and seeds from the chili peppers. Pour 625ml of water into a saucepan over medium heat and add the peppers. Bring to a boil over medium heat and cover. Lower the temperature, cook over a low heat for about 15 minutes until they soften and drain. When they have cooled down a bit, place the chili peppers in a hand blender and puree them. Add the vinegar, sugar, peanut oil and 125ml of water and blend. Divide the sauce into sterilized containers, close them tightly and keep them in the refrigerator for up to one month.

SALSA DULCE DE GUINDILLAS
SWEET CHILLI SAUCE

1 Guindilla, finamente picada
1 chili pepper, finely chopped

1 cucharada de vinagre blanco
1 tablespoon of white vinegar

2 cucharadas de salsa de pescado
2 tablespoons of fish sauce

1 cucharadita de azúcar
1 teaspoon of sugar

1 rama de cilantro fresco, picado
1 sprig of fresh coriander, chopped

6 cucharadas de agua
6 tablespoons of water

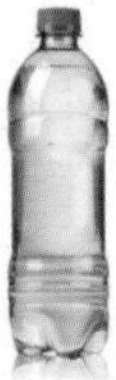

En un tazón pequeño, ponemos el agua con el azúcar y revolvemos hasta que el azúcar esté completamente disuelto. Agregamos la salsa de pescado, la guindilla, el cilantro y el vinagre y mezclamos bien.

In a small bowl, add the water and sugar and stir until the sugar is completely dissolved. Add the fish sauce, chili, coriander and vinegar and mix well.

SALSA MAYONESA
MAYONNAISE SAUCE

3 yemas de huevo
3 egg yolks

500ml de aceite de oliva
500ml of olive oil

1 cucharada de vinagre de vino blanco o una cucharadita de zumo de limón
1 tablespoon white wine vinegar or a teaspoon of lemon

Sal y pimienta recién molida
Salt and freshly ground pepper

Licuamos las yemas, la sal y 200ml de aceite con ayuda de una licuadora de mano. Una vez unificada esa mezcla, agregamos otro poco del aceite y seguimos licuando. Cuando la mezcla empiece a emulsionarse y a espesar, añadimos el vinagre, la pimienta y la sal de forma alternada con el aceite. Probamos y rectificamos de sal si es necesario.

Tip: *Si la mayonesa se corta es porque has añadido el aceite demasiado rápido. Para solucionarlo necesitarás dejar de batir inmediatamente. Pasa la mitad de la mezcla a otro recipiente, agrega otras dos yemas y ve agregando muy despacio, sin dejar de licuar, el resto de la mezcla que se cortó.*

Blend the egg yolks, salt and 200ml of oil with a hand blender. Once this mixture is blended, add another small amount of oil and continue blending. When the mixture begins to emulsify and thicken, add the vinegar, pepper and salt alternately with the oil. Taste and adjust the salt if necessary.

Tip: *If the mayonnaise is broken it is because you have added the oil too quickly. To solve this you will need to stop blending immediately, transfer half of the mixture to another container, add another two egg yolks and add the rest of the mixture that was broken up very slowly while continuing to blend.*

GAZPACHO
GAZPACHO

1k de tomate maduro
1k of ripe tomatoes

½ pimiento rojo, cortado y sin semillas
½ red pepper, cut and seeded

½ pepino, pelado, cortado y sin semillas
½ cucumber, peeled, cut and seeded

1 diente de ajo
1 garlic clove

1 cucharada sopera de aceite de oliva
1 tablespoon of olive oil

4 cucharadas soperas de vinagre de vino
4 tablespoons of wine vinegar

Escaldamos y pelamos los tomates, y los introducimos en el vaso de la licuadora. Añadimos el pepino, el pimiento, el ajo y el pan. Trituramos durante unos segundos y añadimos la sal, el vinagre y el aceite, probamos y rectificamos si es necesario.

Servimos el gazpacho en tazas individuales acompañándolo con una guarnición de dados de pan frito, de pepino picado, de cebolla o de tomate picado.

Blanch and peel the tomatoes, and put them in a blender. Add the cucumber, pepper, garlic and bread. Blend for a few seconds and then add the salt, vinegar and oil, taste and adjust if necessary.

Pass through a conical sieve into a soup tureen and leave to cool for an hour.

Serve the gazpacho in individual cups with a garnish of croutons, chopped cucumber, onion or chopped tomato.

SALSA DE TOMATE
TOMATO SAUCE

500g de tomate natural triturado
500g of crushed fresh tomatoes

3 cucharadas soperas de aceite de oliva virgen extra
3 tablespoons of extra virgin olive oil

2 dientes de ajo, picados muy finos o machacados
2 cloves of garlic, finely chopped or crushed

2 hojas de laurel
2 laurel leaves

Sal y pimienta recién molida
Salt and freshly ground pepper

1 cebolla picada muy fina
1 onion, finely chopped

Calentamos el aceite de oliva en una sartén, a fuego medio. Rehogamos la cebolla y el ajo hasta que queden transparentes. Añadimos el tomate, las hojas de laurel y salpimentamos. Cocemos a fuego lento o medio durante 30-45 minutos.

Heat the olive oil in a frying pan over medium heat. Fry the onion and garlic until translucent. Add the tomato, bay leaves and salt and pepper. Cook over a low or medium heat for 30-45 minutes.

SALSA TARTARA
TARTAR SAUCE

200g de mayonesa
200g of mayonnaise

10g de mostaza de Dijon
10g Dijon mustard

25g de cebolla morada, picada
25g red onion, chopped

25g de pepinillos, picados
25g pickles, chopped

25g de alcaparras, picadas
25g capers, chopped

2 ramas de perejil, picado
2 sprigs parsley, chopped

Revisa nuestra receta de mayonesa en la página 190.
Incorporamos a la mayonesa las alcaparras, los pepinillos, la cebolla, la mostaza, el cebollino y el perejil, y mezclamos bien.

Cuanto más finamente piques los ingrediente, mejor quedará la salsa.

Tip: *La salsa tártara combina bien con platos fríos y calientes, especialmente con pescados, mariscos y verduras. Se puede usar también como aliño de una ensalada, con huevos duros, escalfados, etc.*

Check out our mayonnaise recipe on the page 190.
Add the capers, pickles, onions, mustard, chives and parsley to the mayonnaise and mix well.

The finer you chop the ingredients, the better the sauce will look.

Tip: *Tartar sauce goes well with hot and cold dishes, especially with fish, seafood and vegetables. It can also be used as a salad dressing, with hard boiled eggs, poached, etc.*

SALSA DE ZANAHORIA Y NUECES
CARROT AND NUT SAUCE

2 zanahorias, lavadas, peladas y troceadas
2 carrots, washed, peeled and chopped

2 cucharadas soperas de aceite de oliva
2 tablespoons of olive oil

100g de queso parmesano rallado
100g grated Parmesan cheese

2 puñados de nueces
2 handfuls of nuts

Sal
Salt

En una olla con agua, echamos la sal y cocemos las zanahorias hasta que estén tiernas.

En un mortero machacamos un poco las nueces. En el vaso de la batidora ponemos las zanahorias cocidas, el aceite de oliva, el queso y las nueces y trituramos bien.

In a pot of water, add the salt and cook the carrots until they are tender.

In a mortar, crush the nuts a little. In a blender place the cooked carrots, the olive oil, the cheese and the nuts and blend well.

HUMMUS DE REMOLACHA
BEET HUMMUS

160g de garbanzos, cocidos
160g chickpeas, cooked

1 limón, exprimido
1 lemon, squeezed

1 diente de ajo sin el germen
1 clove of garlic without the sprout

2 cucharaditas de comino
2 teaspoons cumin

1/2 cucharadita de sal
½ teaspoon salt

1 remolacha mediana, cocida y troceada
1 medium beet, cooked and chopped

Trituramos los garbanzos en una licuadora o robot de cocina junto con el zumo de medio limón, la tahina, el ajo, la sal, el comino y la remolacha. Mezclamos hasta crear una crema homogénea. Si deseamos que el hummus quede menos denso, podemos añadir un poquito de agua o de caldo de cocción de los garbanzos.

Espolvoreamos semillas de sésamo por encima del hummus y servimos.

Blend the chickpeas in a blender or food processor with the juice of half a lemon, tahini, garlic, salt, cumin and beetroot. Mix until a homogeneous cream is created. If you want the hummus to be less thick, you can add a little water or cooking broth from the chickpeas.

Sprinkle sesame seeds over the hummus and serve.

SALSA DE QUESO Y CEBOLLA
CHEESE AND ONION SAUCE

1 cebolleta grande, cortada en julianas
1 large spring onion, cut into julienne strips

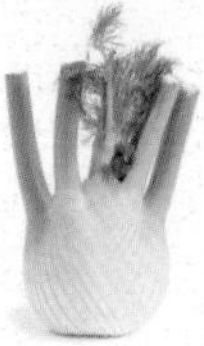

80g de queso azul, rallado
80 g blue cheese, grated

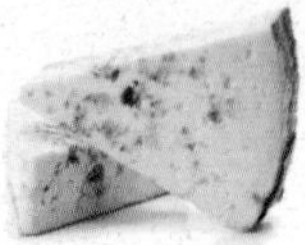

150g de queso parmesano, rallado
150 g Parmesan cheese, grated

80g de queso Emmental, rallado
80 g Emmental cheese, grated

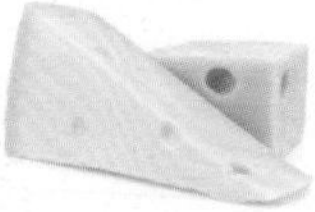

100ml de nata líquida para cocinar
100 ml of cream for cooking

50ml de vino blanco
50 ml of white wine

Colocamos en un cazo la nata y los tres quesos rallados. Calentamos y removemos a fuego medio hasta que se derritan los quesos. Cuando los quesos se hayan derretido, retiramos el cazo del fuego y reservamos la salsa.

Colocamos otra sartén en el fuego, añadimos el aceite de oliva y la cebolleta con una pizca de sal y pimienta. Cocinamos la cebolleta hasta que se poche, añadimos un vaso de vino blanco y dejamos que se reduzca. La trituramos y la añadimos al cazo de la salsa de quesos. Cocinamos a fuego medio para lograr que los sabores de los ingredientes se mezclen entre ellos y retiramos cuando veamos que la salsa de queso y cebolla ha espesado.

Place the cream and the three grated cheeses in a saucepan. Heat and stir over medium heat until the cheeses melt. When the cheeses have melted, remove the saucepan from the heat and set aside the sauce.

Place another pan on the heat, add the olive oil and the spring onion with a pinch of salt and pepper. Cook the spring onion until it is soft, add a glass of white wine and let it reduce. Puree the onion and add it to the cheese sauce. Cook over medium heat to allow the flavors of the ingredients to combine with each other and remove when you see that the sauce has thickened.

SALSA BABAGANUIX (BERENJENAS)

BABA GHANUSH SAUCE, OR ARAB EGGPLANT SPREAD

2 berenjenas, asadas al carbón o al horno
2 eggplants, charcoal-grilled or baked

200 ml de aceite de oliva
200 ml of olive oil

½ manojo de perejil, picado
½ bunch of parsley, chopped

1 cebolla roja pequeña
1 small red onion

2 cucharadas soperas de zumo de limón
2 tablespoons of lemon juice

Sal y Pimienta
Salt andpepper

Dejamos enfriar y pelamos los tomates. Partimos las berenjenas por la mitad, extraemos toda la pulpa con una cuchara y la ponemos en un bol. Trituramos la pulpa junto con el ajo, la cebolla y el tomate. Agregamos el yogur, el vinagre, el zumo de limón, la miel, el aceite de oliva, salpimentamos y mezclamos. Una vez esté todo mezclado, agregamos el perejil y el cilantro y volvemos a mezclar. Servimos la salsa de berenjenas con pan recién hecho.

Let the tomatoes cool down and peel them. Cut the eggplants in half, scoop out all the flesh with a spoon and place it in a bowl. Blend the flesh with the garlic, onion and tomato. Add the yogurt, vinegar, lemon juice, honey, olive oil, salt and pepper and mix. Once everything is mixed, add the parsley and the coriander and mix again. Serve the eggplant sauce with freshly baked bread.

FOTOS:

Archivo Editorial, Shutterstock

PHOTOS:

Editorial Archive, Shutterstock